Stéphane Rusinek

LES ÉMOTIONS
(Du normal au pathologique)

DUNOD

Nouvelle présentation 2014, 2020

11 rue Paul Bert, 92240 Malakoff
www.dunod.com

ISBN 978-2-10-080204-3

Sommaire

Chapitre 3
Soigner ses émotions ?

Chapitre 4
Perspectives

Avant-propos

L'étude des émotions en psychologie, comme dans d'autres sciences, s'avère, bien que des plus intéressantes, souvent assez difficile. À cela plusieurs raisons sont ordinairement avancées. D'abord, si nous sommes à peu près tous conscients de ressentir des émotions, si nous avons tous la sensation de savoir ce que sont la joie, la peur et la colère, nous serions bien en peine de devoir les expliquer, de devoir les décrire précisément. Qui plus est, nous avons tous conscience que notre ressenti émotionnel nous est propre et diffère sensiblement du ressenti d'un autre plus nerveux, plus calme, plus sensible ou moins réservé. Et, alors même que les émotions sont un mode de communication privilégié chez l'être humain, nous les considérons d'emblée comme nous coupant des autres.

Pourtant, si nous persévérons dans un désir de définition, il paraît évident qu'il existe dans ce phénomène émotionnel des composantes biologiques ; on sent son cœur battre plus ou moins fort, sa respiration s'accélérer, son corps devenir plus chaud ou plus froid. Il est tout aussi clair que les émotions dépendent de l'environnement car comme il n'y a pas de fumée sans feu, il n'y a pas de peur sans raison. Mais, les émotions se produisent aussi dans certaines conditions ; elles peuvent être fonction de certaines expériences que l'on a faites ou non : c'est parce que j'ai failli me noyer un jour qu'aujourd'hui j'évite le bord de l'eau, que j'en ai peur. Faire la distinction entre la part du biologique et celle de l'environnemental dans le ressenti émotionnel reste bien laborieux. D'autant plus qu'Épictète nous suggérait déjà il y a près de 2000 ans que c'est la façon d'interpréter les situations qui provoquent l'émotion et non les situations en elles-mêmes. Psychologiquement, nous pourrions donc être tentés de dire que l'émotion est avant tout cognitive si elle dépend ainsi de nos interprétations. Mais ce serait prendre une position longtemps débattue, décider que l'on pleure parce que l'on est triste, que l'interprétation d'une situation précède une réaction physiologique. Alors que d'autres sauraient nous prouver que les réactions physiologiques peuvent exister antérieurement à l'émotion et qu'ainsi l'on est triste parce que l'on pleure et que les réactions physiologiques existent comme des déclencheurs de l'interprétation émotionnelle.

Loin des débats et polémiques de ce type, les études en ce domaine ne peuvent se faire que par l'observation de phénomènes spontanés, il faut bien sûr pouvoir provoquer une émotion pour en comprendre le fonctionnement. Mais quelle colère peut-on déclencher à coup sûr ? Par quel moyen ? Et cette colère artificielle aurait-elle un quelconque rapport avec une colère naturelle ? Serait-elle aussi forte, aussi négative ? Serait-elle identique pour chaque personne chez qui elle est induite ?

Ces raisons, qui ne sont que des exemples de la difficulté de l'étude des émotions, n'ont toutefois jamais su décourager l'enthousiasme d'un grand nombre de chercheurs. Il faut donc croire qu'étudier les émotions en provoque certaines à même de renforcer nos comportements, de nous faire croire que nous pouvons soulever des montagnes. S'il en est ainsi, c'est que les émotions que nous gérons en partie pour en ressentir certaines et pour en éviter d'autres, outre le fait de tenir une place prépondérante dans notre vie, sont le lieu d'une multitude de phénomènes psychologiques. Il est prouvé depuis longtemps que les émotions influencent notre mémoire, qu'elles orientent notre attention, qu'elles sont essentielles dans la communication, dans le développement de l'enfant, qu'elles sont source de conditionnements de toute sorte. Mais l'étude des émotions a aussi cet intérêt de se situer entre l'étude du *normal* et celle du *pathologique*. Ainsi, l'anxiété est une émotion courante que nous ressentons plus ou moins fortement dans des conditions propres à chacun car dépendantes de nos expériences. Mais chez certains d'entre nous, cette anxiété saura prendre de l'ampleur, accaparer toutes les pensées et entraîner des comportements spécifiques d'évitement, de fuite, de pseudo-contrôle. Nous la nommerons alors anxiété généralisée, phobie, trouble obsessionnel compulsif, stress post-traumatique. Et nous aurons toujours en tête que l'anxiété normale peut être aussi cette anxiété pathologique… ou tout du moins peut le devenir.

L'étude des émotions étant un vaste domaine, le choix de cet ouvrage sera de présenter les éléments permettant d'aborder la compréhension des émotions à cette lisière du normal et du pathologique.

Chapitre 1

Ce qu'est une émotion

I. INTRODUCTION

Il y a quelques années les journaux télévisés ont relaté un fait divers qui met l'accent sur le poids de la problématique émotionnelle en psychologie. Un matin, un jeune homme habitant en plein Paris s'était réveillé en sentant quelque chose lui caresser la jambe : c'était un serpent venimeux échappé du vivarium d'un voisin collectionneur d'exotisme. La réaction de ce jeune homme avait été de tenter d'écarter le serpent de sa jambe d'un geste brusque de la main. Mais malheureusement, le serpent avait répondu à ce geste par une morsure – ce qui correspond à peu près à la seule réaction du répertoire comportemental d'un serpent dans un cas comme celui-ci. Dans d'affreuses douleurs, le malheureux jeune homme était parvenu à se traîner jusqu'à son téléphone, à composer le numéro des urgences, à raconter brièvement son histoire... puis il mourut. Le propriétaire du serpent, ainsi qu'un spécialiste de ce genre d'animal, se retrouvèrent le soir même sur un plateau de télévision. Tous deux étaient d'accord pour dire que si le jeune Parisien était mort, c'était essentiellement de sa faute, parce qu'il avait agi sans réfléchir. En effet, s'il avait réfléchi, il aurait attendu patiemment, sans bouger, que le serpent passe son chemin, puis calmement il se serait levé et aurait été se mettre à l'abri tout en prévenant les autorités compétentes. Cela peut sembler logique à nombre d'entre nous. Seulement, cette réaction réfléchie n'a pas été celle du jeune homme. Pourquoi ? Sans doute parce qu'il a réagi sous le coup de l'émotion. Il a eu peur et il a frappé le serpent, comme par *réflexe*. Ce serait donc son émotion qui l'a tué.

L'émotion pourrait donc être *quelque chose* qui nous fait réagir de façon précipitée, parfois stupide, en tout cas non réfléchie. En ce sens, l'émotion serait sans doute une réaction à bannir car dangereuse. Et cela, quelle que soit l'émotion, puisque ce qui vaut pour la peur vaut aussi pour la colère qui nous pousse à des actes que l'on regrette bien souvent par la suite et que l'on tente d'excuser par des : « Je suis désolé, j'étais hors de moi ! » Il en est de même pour l'amour qui rend aveugle, ou pour la joie qui nous fera hurler dans la rue. En 1962, l'*Encyclopédie de la psychologie* décrivait d'ailleurs ainsi les émotions :

> C'est un orage « affectif », un trouble momentané et assez violent qui concerne à la fois la conscience et le corps. La peur, la colère, l'angoisse, la honte sont des émotions. L'émotion sous sa forme brutale caractéristique, « l'émotion-choc », se traduit par une brusque perturbation des représentations mentales et de l'équilibre organique. L'être ému ne s'appartient plus, il est à la lettre mis « hors de lui ».

Nous comprendrons alors que l'émotion peut être un problème car elle s'empare de nos pensées, de nos réactions, de notre logique et de notre bon sens. L'émotion nous fait réagir de manière impulsive, inadaptée et sûrement imprévisible. Cela en est au point que l'on parle en psychologie de troubles ou désordres émotionnels. On y considère l'anxiété, la dépression, les troubles du contrôle des impulsions, etc.

Pourtant, même si cette façon de voir les émotions est sans doute la plus répandue chez l'*homme de la rue*, elle n'est certainement pas la meilleure. Nous l'avons héritée de pensées rationalistes voulant que l'Homme soit un animal supérieur car il est capable de réfléchir posément sur son environnement sans se laisser influencer par ses réflexes, ses pulsions et ses émotions. Mais d'aucuns pensent que la *supériorité* d'un animal tient plutôt dans son adaptation à son environnement, voire à ses capacités d'adaptation à tout environnement. Dans cette idée, comme Darwin puis beaucoup d'autres l'ont suggéré, l'émotion est au contraire importante dans la hiérarchie des espèces. On constate en effet que plus un animal est *évolué*, plus il connaît et plus il utilise d'émotions, de plus en plus complexes. Un poisson rouge semble réagir par la peur à certains stimuli, mais il ne montre aucun signe de joie lorsqu'on le nourrit, contrairement au chien qui jappe pour un morceau de sucre mais qui continue de dormir pendant que ses jeunes maîtres pleurent en regardant mourir la maman de Bambi.

Si l'homme est un animal supérieur, il serait donc paradoxal de considérer les émotions comme perturbant notre pensée et nos comportements. Il serait en effet bien plus logique d'entrevoir ces émotions comme des *plus* adaptatives, de les considérer comme des processus heuristiques permettant des réactions plus rapides et sans doute mieux adaptées aux contraintes de l'environnement. Alors, comme pour toute heuristique, nous pourrions aussi considérer qu'elles ont leur part de ratés, qu'elles nous conduisent à des comportements qui semblent parfois inadaptés, voire stupides, qui lorsqu'ils se répètent et provoquent de la souffrance, deviennent pathogènes.

Par peur, un jeune Parisien frappera un serpent et en mourra, mais peut-être que pour d'autres stimuli menaçants, cette réaction rapide lui aurait sauvée la vie, et peut-être que pour la plupart des stimuli menaçants c'est ainsi qu'il faudrait réagir.

Même si elle n'est pas toujours explicitée ainsi, c'est principalement dans cette optique que les émotions sont considérées en psychologie à l'heure actuelle : compréhensibles et définissables sur un continuum qui va de l'adaptation la meilleure aux troubles pathologiques. Mais s'il en est ainsi aujourd'hui c'est par le développement historique de certains concepts.

II. HISTOIRE DES CONCEPTS ÉMOTIONNELS

1. Impact de la philosophie

Depuis des siècles l'homme entretient une relation des plus ambiguës avec ses émotions. On retrouvera dans les écrits les plus anciens, mais aussi dans les plus récents, deux aspects essentiels de cette ambiguïté.

D'abord, la vie d'un homme semble indissociable de certaines émotions qui lui donneront son essence et sa raison. Ainsi, le désir, la joie, la colère guideront Œdipe une partie de sa vie vers la honte et la tristesse qui en viendront à bout. Chacun de ses actes sera explicable par quelque ressenti émotionnel. De même, par honneur et vengeance Ulysse part se battre, et c'est sa joie qui gâchera une partie de son retour dont il surmontera les épreuves par amour. Moïse, David et bien d'autres connaissent des accès émotionnels qui en font des personnages remarquables. Une vie intéressante, *bien remplie*, qui mérite une légende, est pour tous une vie qui connaît son compte d'émotions. Ceci au point que les foules se pressent d'aller rire et pleurer devant *La vie est belle* de Roberto Benigni, qui n'est jamais que l'histoire d'un homme simple qui n'a bouleversé que très peu son époque, alors qu'il n'y a que quelques initiés qui apprécient les aventures laborantines des grands chercheurs de notre histoire que les chaînes culturelles n'osent parfois même pas diffuser aux heures de moyenne écoute.

D'un autre côté, depuis bien des temps, la sagesse tient dans la réflexion sans émotion. Ainsi c'est parce qu'il ne connaît pas de colère que Job est un exemple ou que Yoda, dans la saga de *La Guerre des étoiles*, est le plus puissant des *Jedi*. Socrate supposait déjà que les émotions bien que partie constituante de l'être humain et de son âme sont *inférieures* à la pensée qui peut les contrôler. Ce contrôle était vu comme tenant à la volonté d'avoir une vie exemplaire, saine, morale. Et ces idées feront leur chemin chez les Romains comme Marc Aurèle qui insistera dans ses *Pensées* sur l'importance de la morale et de la circonspection, sur la grandeur de l'émotion lorsque celle-ci permet l'élévation de l'âme et que l'esprit la contrôle. L'émotion entre déjà dans une conception quasi dualiste ; d'une part elle est la perversion, voire la maladie et en tout cas la traduction de l'immoralité, d'autre part de son contrôle par la pensée elle est l'accession à quelque grandeur.

L'obscurantisme médiéval sera entaché de cette conception. *Le Nom de la rose* d'Umberto Eco en est un clair reflet. Si nous nous souvenons bien du film qui en a été tiré, nous pouvons même comprendre à quel point nous pensons encore ainsi. Dans les deux factions qui s'affrontent, l'une pense que l'émotion est une perversion qui rapproche l'Homme des animaux inférieurs, l'autre, qui compte les héros, croit que l'émotion est un besoin de l'âme. Paradoxalement c'est chez les anti-émotions que l'on trouve la passion, la haine et la colère qui mènent au meurtre. À l'opposé, Sean Connery, pro-émotionnel devant l'Éternel, joue le rôle du sage qui pense avant d'agir, qui ne se laisse presque pas déborder par ses sentiments... On remarquera toutefois que temps en temps, il sourit du coin des lèvres, mais cela bien souvent après avoir montré sa supériorité d'esprit : un petit accès émotionnel qui souligne son efficacité intellectuelle. De plus, Sean Connery inculque ses principes moraux à son jeune élève qui finira par préférer suivre le maître qui lui apprendra la sagesse et la brillance d'esprit, plutôt que de se laisser entraîner par l'amour, la passion et les charmes de la jolie paysanne qui ne rechigne pas à se rouler dans les foins. Bien entendu, nous sommes bluffés par cette histoire et son interprétation : nous pensons bien évidemment qu'il y a aussi de la noblesse dans l'émotion, qu'une vie ne peut être remplie sans rires, sans larmes, sans joies et sans peines, mais nous voudrions ressembler à Sean Connery qui sait réagir avec tant de sang froid et sans émoi... sauf des petits coups de gueule, de temps à autre, qui en font tout de même un Homme... qui plaît aux femmes.

Bien plus tard, nous retrouverons Descartes dont le dualisme corps/esprit ne saurait être résumé à une opposition entre la logique et l'émotionnel, même si cette idée demeure souvent dans l'inconscient collectif. Sa position peut parfois être confrontée à celle de Kant qui explique que l'homme est entier, donc en partie émotionnel, que sa morale elle-même ne se construit pas uniquement sur de la logique, mais aussi sur des sentiments tels que la crainte de la loi et le respect qu'elle inspire.

Bien d'autres philosophes ont traité ainsi des émotions en prenant le parti soit de les opposer à la logique, voire à la morale qui fait de l'homme autre chose qu'un animal, soit de défendre la thèse voulant que les émotions soient parties intégrantes de la *psyché*.

Il en va de même pour ce que le commun des Occidentaux retient de manière stéréotypée d'autres cultures plus orientales. Si ce qui correspond aux chamans est reconnu dans divers peuples et civilisations, ils sont toujours représentés comme des êtres sages, d'une grande quiétude, d'un calme à toute épreuve et dont le véritable pouvoir est de transcender l'émotion en élevant, par la même occasion, à la fois leur esprit et leur corps.

Mais ce sont là des points de vue philosophiques qui certes ont leur importance dans la vision des émotions en psychologie, mais ne sont pas pour tous des principes guidant leur étude. La représentation plus scientifique des émotions est marquée par d'autres concepts dont l'utilisation logique entraîne aussi parfois à des visions négatives.

2. Darwin et les darwinistes : adaptation et émotions de base

Il est courant d'attribuer à Darwin et à son ouvrage de 1872, *The Expression of the Emotions in Man and Animals*, l'engouement pour l'étude scientifique des émotions. Darwin y aura la clairvoyance de décrire l'émotion comme quelque chose d'utile à la survie des individus et des espèces au-delà du simple fait de rendre la vie intéressante. Ses descriptions explicatives qui comprennent toujours les émotions par leurs aspects expressifs et biologiques sont relativement connues. Lorsque l'animal est en colère, par exemple, ses poils se hérissent, permettant de le rendre plus effrayant aux yeux de ses adversaires, il relève ses babines, dévoile ses dents, tant pour impressionner que pour mordre efficacement. La peur contrairement à l'adage permettra à l'animal d'éviter le danger, et s'il ne sait pas nager il ne s'approchera pas de l'eau, de plus elle fera battre son cœur plus vite oxygénant ses muscles pour lui permettre une fuite plus rapide… Darwin proposera même l'hypothèse que, lors d'une bonne peur, la dilatation des sphincters et ses conséquences immédiates permettent à l'animal de se sentir plus léger et de courir plus vite.

Cette idée d'utilité de l'émotion s'avère être primordiale et va influencer presque toutes les autres conceptions scientifiques du phénomène. Elle englobe en fait de nombreux concepts utiles. Il est naturellement question d'adaptation de l'espèce et chaque émotion est alors comprise en fonction de sa valeur adaptative. On comprend pourquoi, les animaux évoluant, des émotions de plus en plus complexes se développent. On comprend encore une fois que l'homme est sans doute l'animal le plus évolué. Mais ce que propose Darwin, c'est aussi que nombre d'émotions peuvent être innées ou du moins vont logiquement et invariablement se développer chez les individus de mêmes capacités, qui vivent dans un même environnement donc soumis aux mêmes contraintes. Se trouve ainsi étayée l'idée d'une universalité de certaines émotions qui seront appelées émotions de base ou émotions primaires, qu'il faut aussi comprendre pour beaucoup comme les premières émotions que l'enfant connaîtra et qui seront la base du développement des autres émotions par composition. À ces émotions primaires, Izard (1993) associera des fonctions primaires issues de la phylogénétique, ainsi la joie montre le plaisir sensoriel d'une manière universellement reconnaissable, la tristesse à forte composante sociale ralentit les systèmes cognitifs et moteurs et peut être une prévention de l'agression, le dégoût maintient l'environnement assez sain pour la survie, la honte reflète la vulnérabilité par rapport à ses pairs, etc. C'est par combinaison de ces émotions innées et de leurs fonctions que se construirait peu à peu l'ensemble des émotions plus raffinées.

Parmi les modèles issus de ces principes, celui de Plutchik (1977) est assez caractéristique. Il y définit l'émotion comme une composante nécessaire à la survie des espèces qui se serait développée en lien, du moins chez l'homme, avec des capacités cognitives de plus en plus complexes, qui permettraient de concert une adaptation optimale. Huit émotions primaires y sont décrites qui peuvent d'ailleurs s'opposer deux à deux : la joie/la tristesse, l'attirance/le dégoût, la peur/la colère, la surprise/l'anticipation. Ces émotions sont liées à des fonctions primaires, comme celles décrites précédemment, et à des tendances d'action primaires, comme la fuite, la curiosité, etc. Ces émotions pourraient aussi se combiner au fil des expériences de l'individu pour donner des émotions dites secondaires : la joie et l'attirance donneraient l'amour, la colère et le dégoût le mépris… Plutchik décrit aussi dans son modèle des émotions connaissant différentes intensités d'expression ; ainsi la colère peut devenir de la rage, la tristesse du désespoir ou la surprise de la stupeur. Le problème est que, dans cette théorie, l'émotion peut perdre sa valeur adaptative lorsqu'elle est exprimée trop intensément.

Cette dernière idée est issue d'une conséquence logique du postulat de l'adaptation : une émotion peut perdre sa valeur adaptative si elle est exprimée ou ressentie de manière exagérée par rapport aux exigences de la situation ou dans des situations qui ne la nécessitent pas. Ainsi sera comprise la tristesse excessive et quasi continue que l'on nomme dépression.

De nouveau, par ces principes, qui pourtant cette fois sont scientifiques, la vision des émotions revêt certains aspects négatifs. Alors que paradoxalement, ces principes sont issus d'une réflexion sur la valeur adaptative, donc bénéfique des mêmes émotions. Cette perte de valeur adaptative se retrouve encore liée, même insidieusement, au fait que l'émotion s'oppose à la pensée rationnelle et sans passion.

3. James, Lange… Cannon et l'homéostasie

Il est indéniable, et chacun peut s'en rendre compte de lui-même, que les émotions ont à la fois des composantes cognitives et des composantes physiologiques. La question, depuis longtemps, est double à ce propos. Il s'agit d'abord de savoir ce qui de la cognition ou de la physiologie est primaire au ressenti émotionnel. Ensuite, quelle que soit la réponse à cette première question, il s'agit de déterminer si pour chaque émotion ressentie, il existe un pattern physiologique particulier, ou si l'activation physiologique émotionnelle peut être quasiment indifférenciée.

En résumé, il est possible de trembler de peur, mais il est aussi possible d'avoir peur sans trembler, comme il est possible de trembler sans avoir peur. Uniquement à la lecture de cette dernière phrase, il est possible d'imaginer diverses situations correspondant à chacune des possibilités. Certaines seront émotionnelles et nous nous verrons trembler d'excitation, d'autres ne le seront pas et nous tremblerons de froid. Il est donc nécessaire de considérer la valeur interprétative de la situation quant au ressenti émotionnel. Comme le disait l'Américain James, nous tremblons devant un ours en liberté, non devant un ours en cage, car il faut que la représentation soit une signification de danger pour que nous éprouvions de la peur.

Ce même James, dès 1884, tentera de clarifier cette question de la physiologie émotionnelle en proposant ce que nous appelons encore la *théorie périphérique*. Tout en situant l'émotion dans une sphère d'interprétation physiologique, il insiste sur l'importance de l'interprétation des situations et de ces messages corporels, pour le ressenti émotionnel. L'idée pour lui est qu'un stimulus sensoriel met en branle de manière inconsciente des réactions réflexes qui, à leur tour, provoqueront des changements physiologiques périphériques dont on pourra prendre conscience et que l'on pourra interpréter de manière émotionnelle en fonction de la situation. Le Danois Lange, un an plus tard, énoncera un modèle somme toute assez proche de celui de James. Il proposera aussi que ce soit la perception de changements corporels périphériques, viscéraux, faisant suite à une certaine gamme de stimuli, qui soit la source des émotions. Comme James, il présentera les différentes émotions comme dépendantes de changements périphériques spécifiques : à chaque émotion son pattern physiologique. Nous noterons que le seul désaccord important entre James et Lange tient à l'existence d'un centre émotionnel spécifique dans le cerveau ; le centre *vasomoteur* commandant le système vasculaire pour Lange, alors que pour James les systèmes moteurs et sensoriels suffisent.

La véritable controverse physiologique de l'émotion n'arrive que quelques années plus tard, en 1927, avec les travaux de Cannon qui, lui, proposera une *théorie* plus *centrale* des émotions. Pour lui c'est le thalamus, dans le cerveau, qui gère et induit les émotions. Les réactions périphériques décrites précédemment ne sont pas assez rapides pour expliquer la complexité du ressenti. De plus certaines études ont pu montrer qu'une simple excitation physiologique, par l'injection d'adrénaline, par exemple, ne suffit pas à provoquer de l'émotion réelle. Il faut donc une intervention corticale, centrale, pour induire une véritable émotion. Le pendant de cette position est que les émotions ne sont pas différenciées par des patterns d'excitations périphériques spécifiques contrairement à ce que James et Lange proposent. Pour Cannon, ces excitations périphériques n'interviendraient même pas dans ce qui constitue l'amorçage de l'émotion, elles ne seraient alors que des conséquences du phénomène.

Ces différentes positions de James, Lange et Cannon eurent pour résultat le développement de nombreux travaux sur les émotions dans des perspectives physiologiques, mais aussi cognitives. En effet, outre le fait que toute émotion connaît une composante physiologique, s'il est une chose sur laquelle les trois modèles sont en accord, c'est bien que l'interprétation des situations soit importante. Que la conscience de la valeur émotionnelle des conditions de l'environnement soit antérieure ou postérieure à des manifestations physiologiques périphériques, il faut que cette conscience du signifiant émotionnel existe *a minima* pour qu'il y ait émotion. Ainsi, on ne courra pas devant un ours en cage même si l'on ressent quelques tremblements… Le problème, mais nous y reviendrons, est qu'un film d'horreur peut réellement faire peur.

Les travaux physiologiques de Cannon le conduisirent aussi à développer le rôle de la rupture homéostasique dans l'émotion. En ce qui concerne l'émotion, l'*homéostasie* est à comprendre comme un principe d'équilibre vers lequel tend tout organisme, mais aussi comme les mécanismes que l'organisme est à même de mettre en route pour que cet équilibre interne soit préservé. Pour qu'un organisme puisse survivre, il faut que ses différentes composantes physiologiques ne dépassent pas certaines limites souvent assez précises : dans le sang il ne faut ni trop ni trop peu de glucose. Mais, en interagissant avec son environnement, l'organisme modifie son état interne, et lorsque les limites homéostasiques sont approchées de manière dangereuse, de nombreuses actions ou rétroactions sont alors mises en place pour rétablir l'équilibre. Ce principe physiologique d'autorégulation et son rôle adaptatif seront vite rapprochés des phénomènes émotionnels. L'émotion peut naître de cette rupture homéostasique et de son interprétation dans des conditions particulières, mais l'émotion est aussi la source de rupture car elle déclenche, selon Cannon lui-même, des phénomènes physiologiques secondaires mettant à mal l'équilibre interne de l'organisme.

Cette conception permet d'expliquer pourquoi nous ne serions pas sans cesse dans un état émotionnel positif, et pourquoi nous tendrions à réduire même cet état. Elle explique aussi, en partie, comment l'émotion peut assumer sont propre rôle adaptatif : une émotion spécifique entraîne des comportements spécifiques, mais aussi certaines mobilisations de ressources physiologiques qui, combinées, permettent de faire face au stimulus ayant pris une valeur émotionnelle en rompant l'équilibre homéostasique : « Je suis l'homme qui a vu l'ours en liberté et qui a eu peur. Ma peur a sans doute rompu mon équilibre interne, mais comme elle était peur, elle a entraîné l'oxygénation de mes muscles et m'a permis de fuir efficacement, d'éviter le danger et doucement, après avoir repris mon souffle, de rétablir mon équilibre homéostasique. »

4. Selye, le stress et ses effets débilitants

Mais il n'est pas toujours évident de reconnaître à la fois les stimuli situationnels qui engendrent des émotions et les émotions elles-mêmes. Il est en fait bien souvent difficile de spécifier la nature de l'émotion, difficile de lui donner un nom. C'est sans doute pour cette raison que de nombreux auteurs comme Cannon lui-même, préfèrent dans bien des cas, se référer au concept de stress.

Selye que l'on considère, à juste titre, comme le premier auteur à avoir formalisé le concept de stress, s'était aperçu, dans les années 1930, que de nombreuses agressions physiques de l'organisme provoquaient, chez l'animal, outre des lésions spécifiques, un cycle d'activation surrénalien mettant en jeu une mobilisation de certaines ressources physiologiques. Lesdites agressions physiques, donc issues de l'environnement, ne provoquaient pas nécessairement des lésions *observables* de l'organisme, mais toujours la réaction hormonale et ses conséquences étaient présentes. Reprenant des notions développées antérieurement, Selye décrit le phénomène en lui donnant le nom de stress. Sa définition reprend à la fois la demande de l'environnement qui excède les ressources de l'organisme, de l'individu, et les capacités de ce dernier à trouver une réponse adaptative permettant de rétablir son homéostasie.

Dans un modèle, toujours physiologique, Selye décrira différentes réactions liées au stress. Il développera en particulier l'idée du syndrome général d'adaptation (SGA) qui suppose que face à un stress, l'organisme réagisse en trois phases :

– une *phase d'alarme ou de choc*, lorsque le stress apparaît, caractérisée par une tachycardie, une diminution du tonus musculaire et de la température pour les symptômes physiques principaux, et dans laquelle il y a mobilisation des mécanismes de défense ; lorsque l'élément stresseur persiste, il y a passage à la deuxième phase ;

– une *phase de résistance* ou *d'adaptation*, pendant laquelle les symptômes de la phase d'alarme disparaissent, alors que l'organisme s'adapte et accroît ses défenses contre l'agression, ce qui nécessite une recharge des moyens de défense utilisés. Si l'individu ne peut maintenir un niveau de résistance élevé, alors survient la phase finale ;

– une *phase d'épuisement ou de décompensation*, apparaissant lorsque les moyens de défense s'avèrent inefficaces. Il y a alors chute de la résistance avec réapparition des signes de la première phase, pouvant entraîner la mort.

Selye développera aussi l'idée, parfois contestée, qu'il existe différents types de stress, tout du moins un bon stress (*eustress*) et un mauvais stress (*distress*). Le premier mobilise des ressources insoupçonnées chez l'étudiant qui lui permettront de ne pas s'endormir sur sa copie d'examen alors qu'il a révisé toute la nuit. Il est l'adaptation efficace, la motivation, l'activation nécessaire de l'organisme qui permet de se confronter à certaines situations et de les surmonter. Le second est celui susceptible, dans ce modèle, d'entraîner la mort par épuisement car il brûle les ressources adaptatives de l'organisme, il est de l'ordre de la pathologie.

Même si l'appartenance du stress à la catégorie des émotions reste controversée dans la littérature, le phénomène n'en est pas moins à l'origine de quelques modèles actuels comme celui de Lazarus (*cf.* chapitre 2, p. 63). Si le stress est une émotion, il est de celles les plus pratiques car elle ne souffre pas d'un manque de définition de la situation, d'un manque de précision dans le ressenti, d'un manque d'exactitude dans sa qualité et sa dénomination. Nous sommes en effet stressés par tout et n'importe quoi, plus ou moins, avec ou sans boule dans la gorge, et nous nous comprenons en le disant. Il n'en est pas moins vrai que cette émotion, en tout cas reconnue comme telle par le commun des mortels, est encore une fois associée à des aspects irrationnels de nos comportements. Le fait d'être trop stressé excusera bien des insuffisances chez l'être humain. Il sera question d'*effet débilitant du stress* lorsque, lors d'un incendie, une personne face à une porte tentera en vain de l'ouvrir en la poussant et s'affolera d'autant plus en pensant qu'elle est fermée à clé, alors que la porte s'ouvrait simplement vers l'intérieur. Ces effets débilitant du stress sont présents dans toutes situations un tant soit peu émotives où sans cesse nous répétons le même comportement inefficace sans penser à la solution pourtant évidente lorsqu'elle nous apparaît. Et c'est encore une fois une influence émotionnelle sur nos capacités de raisonnement logique que nous mettrons en cause dans de telles conditions, sans penser que le stress nous a peut-être, en d'autres circonstances, permis de survivre car il nous a fait pousser une porte sans *réfléchir* et que celle-ci s'est ouverte.

Mais la notion de stress telle que l'a décrite Selye, renvoie aussi directement à un autre aspect émotionnel négatif. Il s'agit là du lien étroit, bien que souvent juste intuitif, entre l'émotion et l'affection somatique. Être stressé, comme pour d'autres émotions, c'est avoir mal à la tête, c'est avoir le rythme cardiaque qui accélère, c'est suer, mais c'est aussi développer des maladies cardio-vasculaires, des ulcères, du psoriasis, de l'asthme, de l'eczéma, etc. Le stress est bien souvent l'exemple privilégié de l'action de l'émotion sur le corps.

Avec une action négative sur le corps et une action négative sur la pensée, il est normal que l'émotion soit un point central des modèles psychopathologiques.

5. Janet et l'émotion pathologique

C'est sans doute Pierre Janet, à l'aube du XXe siècle, qui influença le plus la vision des émotions dans la sphère psychopathologique. Il distingue le sentiment de l'émotion comme Kant le faisait. Le sentiment est alors un phénomène *régulateur* de l'action et en ce sens il conduit à des comportements adaptés et réfléchis. C'est le sentiment de crainte qui pousse un individu à éviter le danger, c'est lui qui permet aux héros de *Jurassic Park*, par exemple, de se souvenir que la vision des tyrannosaures est centrée sur le mouvement ; dominant alors toute réaction de panique, ils ne bougeront plus et seront sauvés. Par contre, le comptable-avocat sera en prise avec son émotion, la peur-panique qui est *dérégulatrice* selon l'expression de Janet ; incapable de réfléchir, incapable de surmonter ses tensions internes et de canaliser son énergie nerveuse, il cherchera à s'enfuir, bougera et sera mangé par le dinosaure. Dans l'acception de Janet, il existe ainsi une hiérarchie des conduites et l'émotion est une cause de conduites inférieures, l'émotion est notre héritage d'un homme-animal archaïque qui répondait aux situations sans réflexion en maniant avant tout la massue et la claque. L'émotion est déroute de l'individu, elle le pousse à des actes inconsidérés et non adaptés. On tuera sous le coup de l'émotion et Miss France s'évanouira alors qu'elle devrait remercier son public.

Janet, prenant la suite de Charcot, présentera ainsi l'émotion comme la cause de conduites visiblement pathologiques. Il expliquera aussi la pathologie par des conflits, des incompatibilités entre différents phénomènes de niveaux distincts de la psyché dans lesquels beaucoup reconnaissent le conscient et l'inconscient que Freud formalisera quelques années plus tard.

Il n'est donc pas étonnant que les émotions restent centrales dans les études psychopathologiques. Elles sont des symptômes, elles sont des explications, elles sont des causes à la plupart des maladies psychiatriques. On parlera d'ailleurs très souvent de troubles émotionnels et les affections les plus courantes en psychiatrie de ville restent les maladies liées à l'anxiété et à la profonde tristesse qu'est la dépression.

L'émotion pourrait donc être, du moins de manière intuitive, liée à des comportements inadaptés, voire à des conduites pathologiques. Elle pourrait être, comme le propose Janet, ce moment où nous sommes mis hors de nous, croulant sous le poids d'une mobilisation énergétique déclenchée par la prise de conscience d'un danger que notre organisme ne sait utiliser. Selon l'expression de Kant, l'émotion agirait alors comme « une eau qui rompt la digue ». Et pourtant, tout aussi intuitivement, nous la voyons porteuse d'adaptation, plus encore nous cherchons à la vivre, qu'elle soit à nos yeux positive ou négative. Les individus qui ont des difficultés à exprimer leurs émotions et à reconnaître celles des autres seront mêmes considérés *à part*, sous l'étiquette quasi pathologique de l'alexithymie.

III. DE L'ILLOGISME À LA LOGIQUE ÉMOTIONNELLE

Sartre voyait du sens dans nos conduites émotionnelles. Il supposait que bien souvent elles nous permettaient de croire que le monde changeait parce qu'elles changeaient notre perception du monde. Il voyait parfois même de la magie dans ce phénomène. Ainsi selon un exemple connu, l'évanouissement qui est sans doute l'un des comportements les plus inadaptés face à un danger, peut être considéré comme un moyen efficace de supprimer ce danger. Sartre suppose que ne pouvant le supprimer physiquement, l'individu le supprime de son monde conscient en s'évanouissant.

Si cette *magie* de Sartre est fortement critiquée sur ses bases scientifiques, elle est en tout cas une façon de considérer les émotions autrement, en y voyant toujours une certaine utilité, une certaine adaptation. En y réfléchissant, encore d'une autre manière, l'évanouissement pourrait être, dans certains cas un comportement adapté : face à un agresseur, je mime la mort et l'agresseur m'évite ou bien encore, face à un tyrannosaure j'emploie un moyen sûr de ne plus faire de mouvements. Mon émotion et mon comportement sont alors adaptés et efficaces. De plus, je n'aurais pu avoir ce comportement sans avoir d'émotion, car s'évanouir consciemment pause des problèmes, sauf peut-être à quelque Miss France voulant qu'on se souvienne de son moment de gloire dans les zappings des années à venir.

Ainsi, comme il en a été question dès l'introduction de cet ouvrage, il est possible de considérer l'émotion et les comportements qu'elle induit comme les réponses les plus adaptées à certaines situations, car ce seront des réponses rapides et efficaces qui justement ne souffriront pas de la *réflexion consciente*. Pour que de telles réponses existent, il faut considérer qu'elles sont médiatisées par plusieurs phénomènes cognitifs. Ainsi, il faut que l'attention se focalise sur certains stimuli de l'environnement, il faut que les informations en mémoire les plus utiles soient disponibles rapidement, il faut que l'ensemble oriente nos décisions vers une solution. Par la conjonction dans la mise en œuvre des comportements, des ressources physiologiques et des ressources cognitives, le phénomène émotionnel pourrait apparaître de manière bien plus positive.

1. Émotion et focalisation de l'attention

• Généralités

Si l'émotion est une forme d'alerte pour l'organisme, il est logique de croire qu'elle va focaliser une grande partie des processus cognitifs d'un individu vers la cause de cette alerte. De nombreux exemples de ce phénomène pourraient être donnés. Ainsi, nous savons que nous sommes amoureux parce que l'ensemble de nos pensées agréables se tourne vers l'être aimé, parce que nous remarquons chez lui les petites choses si touchantes que nous ne remarquons pas chez les autres, parce que nous repérons son parfum parmi ceux de tant d'autres. La joie que nous procure chacun de ces stimuli tourne d'autant plus notre attention vers eux. Mais c'est aussi notre inquiétude de perdre cet état de bien-être, par la perte de l'être aimé, qui fait que nous faisons attention à ses moindres faits et gestes. Plus tard, si par malheur l'amour s'en va, agacé par notre relation, nous serons plus focalisés sur ses défauts, sur toutes ces petites choses sans signification qui ont le pouvoir de nous mettre en colère… Amoureux ou quasi haineux, notre vigilance n'a pas les mêmes cibles.

Expérimentalement, cette focalisation de l'attention en fonction de l'émotion a souvent été décrite. L'effet Von

Restorff qui concerne la saillance d'un stimulus est souvent repris pour le compte des émotions : un stimulus émotionnellement chargé bénéficie d'un traitement préférentiel. Ainsi, dans une liste de mots sans charge émotionnelle à apprendre, les effets de récence et de primauté s'atténuent si le mot central est du type « cercueil », « accident », etc. Nous repérerons facilement dans une foule une conversation dans laquelle le mot « mort » revient.

Il est aussi souvent question de l'effet *Weapon-Focus* : lors d'une agression à main armée, l'attention se tourne plus vers l'arme symbole du danger que vers l'agresseur. Par la suite, lorsque les témoignages sont enregistrés, les différences sont beaucoup plus importantes sur l'agresseur que sur son matériel d'intimidation.

Christianson et Loftus en 1991 illustrent ce phénomène attentionnel par une expérience assez simple. Ils proposent aux sujets de leur étude différentes diapositives représentant des scènes de la vie de tous les jours, avec parmi elles une diapositive cible. Trois cibles différentes sont présentées chacune à un groupe de sujets distinct. Toutes comprennent les mêmes éléments presque aux mêmes emplacements, mais ceux-ci sont agencés de manières différentes. Sur l'une des diapositives cibles, une jeune femme fait de la bicyclette aux côtés d'une automobile (condition « émotionnelle neutre »), sur une seconde la jeune femme et sa bicyclette sont couchées devant les roues de l'automobile (condition « émotionnelle forte »), sur la dernière la jeune femme marche aux côtés de l'automobile avec sa bicyclette sur les épaules (condition de « surprise »). Les détails de la diapositive cible sont alors mémorisés de manières différentes selon l'intensité émotionnelle de la situation. Les sujets dans la condition « émotionnellement forte » se rappellent significativement beaucoup plus des détails centraux (jeune femme et bicyclette) et beaucoup moins des détails périphériques que les sujets de la condition « émotionnellement neutre ». Et ce résultat n'est pas le fait de la surprise occasionnée par la situation émotionnelle, puisque de telles différences existent aussi entre la situation « émotionnellement forte » et la situation « surprise ».

L'interprétation logique de ces différences de rappels tient bien évidemment au fait que l'émotion provoquée par les diapositives dirige l'attention vers sa source dans l'environnement. De même, lors d'un accident de la route bénin, les gendarmes et les policiers redoutent toujours que d'autres automobilistes, sans doute curieux, mais surtout les sens en éveil à cause des émotions que l'imagination macabre de chacun active, faisant plus attention à la tôle froissée qu'à leur conduite, provoquent un accident moins bénin.

- **Effet pathologique**

La focalisation automatique de l'attention par l'émotion revêt un aspect adaptatif. Elle nous permet de ne rien perdre du danger, d'agir efficacement sur celui-ci, de repérer les moyens de réduire l'émotion, de survivre. Mais ce phénomène contribue aussi, par un simple cercle vicieux, à l'établissement de troubles de l'humeur. Si je suis triste et que je fais plus attention aux informations négatives de mon environnement, je serais certainement de plus en plus triste car plus rien de joyeux ne me viendra à l'esprit.

L'anxiété est sans doute la pathologie de l'humeur illustrant le mieux cet effet de l'émotion sur l'attention. Il ressort souvent que les individus anxieux voient leur environnement comme dangereux, menaçant et de nombreux auteurs définissent l'émotion *anxiété* en partie par la facilitation de la détection précoce des stimuli menaçants dans l'environnement. Le problème serait que parfois ce processus émotionnel pourrait devenir incontrôlable, et la fonction de l'anxiété perdrait alors de sa valeur de survie et rendrait les anxieux hypervigilants contre leur volonté.

Rusted et Dighton (1991) mettent ce biais attentionnel en avant d'une manière remarquable. Ils ont présenté à des sujets non anxieux et à des sujets atteints d'une phobie des araignées, des textes avec et sans éléments en rapport avec les araignées. Au rappel, il s'est avéré que les sujets phobiques avaient relevé plus d'éléments en rapport avec les araignées que les sujets non anxieux. Ces biais attentionnels peuvent aussi se porter sur des sensations physiologiques internes, comme le prouvent Ehlers et Breuer (1992) qui ont montré une sensibilité plus accrue aux manifestations cardiaques et intestinales dans tous les types de pathologie anxieuse, avec une conscience encore plus forte de ces manifestations pour les patients atteints de troubles panique. Ils entrent aussi dans les « compétitions d'allocation des ressources cognitives », ils ne font pas qu'approfondir le traitement des stimuli relatifs à la menace, ils diminuent aussi le traitement des stimuli non congruents. Cette compétition d'allocation des ressources pourrait être directement responsable de difficultés cognitives comme les troubles de l'attention, les difficultés de concentration et la confusion, que l'on remarque concomitantes à la focalisation sur la menace chez les sujets anxieux.

2. Émotion et mémorisation

• Généralités

L'efficacité des processus émotionnels tiendrait aussi en partie à leur interaction avec la mémoire. Il suffit de se concentrer et de rechercher dans nos souvenirs les événements les plus marquants, nous constaterons qu'à l'instar de la madeleine de Proust, ils sont chargés émotionnellement ; certains joyeux, d'autres tristes. Orientons cet exercice de rappel en recherchant un événement ayant un rapport quelconque avec un chien. Ce qui nous viendra à l'esprit sera sans doute le souvenir d'un jeu ou d'une morsure, d'un moment de joie ou de tristesse. L'utilité de cela est simple : les événements auxquels nous avons dû nous adapter ont provoqué des émotions par rupture de l'homéostasie, les solutions que nous avons alors trouvées semblent efficaces puisque nous sommes encore vivants, alors il faut que ces événements soient préférentiellement accessibles en mémoire parce qu'ils contiennent des solutions d'adaptation. Ainsi, lors d'un prochain événement d'alarme qui provoquera de la peur, j'aurai accès à l'ensemble des événements similaires que j'ai déjà vécus, j'aurai donc accès à l'ensemble des solutions efficaces que j'ai déjà testées.

Cette formulation des liens entre la mémoire et les émotions fait de ces dernières un critère de saillance tant des événements que des souvenirs que nous en avons, et laisse envisager que la mémoire humaine s'organise au moins en partie autour des émotions. Fort de cette idée, Bower propose l'un des modèles les plus importants de la littérature en ce domaine.

• **Le modèle de Bower**

Le modèle de Bower (1981) propose une conception de l'architecture de la mémoire centrée sur les émotions. À partir des modèles de réseaux associatifs d'Anderson (1983), il présente la mémoire à long terme comme un réseau sémantique dans lequel les informations sont reliées entre elles comme des nœuds, mais avec comme particularité que ce soit la valeur émotionnelle des informations qui guide leur organisation. Il conçoit que tout événement soit traduit en mémoire dans un réseau sémantique par l'intermédiaire de concepts, de traits sensoriels, de traits sémantiques qui le raccordent à un *nœud émotionnel.* Ainsi, toute information possède une tonalité émotionnelle et comme peu de nœuds émotions existent, énormément d'informations ont en commun cette tonalité.

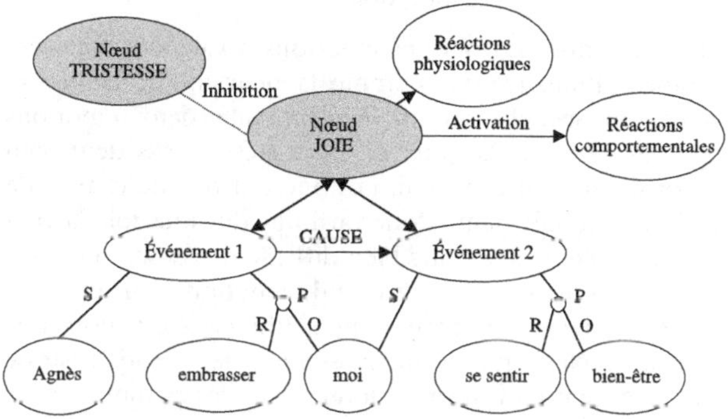

Figure 1

Exemple de l'encodage dans un réseau sémantico-émotionnel de l'événement « Agnès m'a embrassé », et de l'émotion que cela a causée (s = sujet ; p = prédicat ; r = relation ; o = objet)

Dans cette conception, lorsqu'une information est activée, elle active en retour l'émotion à laquelle elle est reliée. Si l'émotion est suffisamment activée, si elle a atteint son *seuil d'excitabilité*, alors l'activation se propage à l'ensemble des informations qui lui sont raccordées : les étiquettes verbales communément associées à cette émotion, les réactions automatiques d'ordres physiologiques et comportementaux. L'individu ressent alors l'émotion en question, mais surtout voit la majeure partie de ses traitements cognitifs orientés en fonction de cette émotion. C'est ainsi que préférentiellement seront rappelés des événements joyeux lorsque je suis joyeux.

C'est là une explication des phénomènes d'amorçage émotionnel (*priming*) entre les informations contenues en mémoire, qui sont sources d'activation temporaire de certains nœuds, et des informations qui leur sont associées. Priming émotionnel qui peut avoir un effet très général, en ce sens qu'une humeur dominante chez un sujet va *préparer* ses activités cognitives et comportementales, faisant par exemple qu'une personne qui se sent d'humeur positive évalue et interprète son environnement d'une façon optimiste. Ce phénomène d'amorçage peut être vu comme une activation inconsciente de pensées congruentes à l'émotion dans une situation donnée.

Il est aussi proposé que les émotions à valences opposées s'inhibent l'une l'autre, comme la peur inhibe la joie et l'activation sexuelle. Il est évident que deux émotions opposées comme la joie et la tristesse possèdent peu d'informations en commun, et donc ont peu de chance de s'activer mutuellement. Pour un individu, une fois la tristesse amorcée, il sera donc bien difficile de revenir à la joie. Il arriverait aussi que deux nœuds émotions puissent être activés en même temps et sans s'inhiber, c'est alors une émotion mixée qui serait ressentie : le nœud tristesse activé avec le nœud surprise donnera du désappointement.

Le pendant de cette conception en réseaux sémantico-émotionnels est qu'un état émotionnel particulier améliore l'accessibilité à l'information en mémoire qui lui est congruente du point de vue émotionnel. L'émotion que ressent un sujet influence les traitements cognitifs lors de la restitution d'une information, mais aussi lors de son encodage. Ces effets ont été nommés respectivement, effet de *congruence* et effet de *dépendance*.

Il est donc question de congruence, lorsque le rappel d'un matériel mémorisé est influencé par l'émotion dans laquelle se trouvait le sujet lors de l'apprentissage. Pour étudier cet effet, Bower et ses collègues (1978) ont placé des sujets en état de bonne ou mauvaise humeur, et leur ont lu des textes concernant des personnes ayant vécu des événements heureux ou malheureux. Au rappel, sous humeur neutre, les informations concernant les aspects heureux des textes avaient significativement été mieux retenues par les sujets qui avaient subi l'apprentissage sous bonne humeur, et les informations concernant des aspects désagréables avaient été significativement mieux retenues par les sujets ayant subi l'apprentissage sous mauvaise humeur.

L'effet de l'émotion serait alors celui d'un filtre sélectif à l'apprentissage augmentant la saillance de certaines informations de même tonalité. La congruence entre la valence affective des stimuli et l'état émotionnel du sujet, provoque une plus grande attention et une perception plus rapide de ces stimuli. Le résultat de tels processus est une meilleure mémorisation des informations congruentes à l'émotion ressentie.

Nous parlerons de dépendance lorsqu'il y a facilitation du rappel en cas de concordance entre l'humeur à l'apprentissage et l'humeur au rappel, c'est-à-dire que des sujets faisant un apprentissage sous humeur positive auront significativement de meilleures performances au rappel s'ils sont placés dans un état d'humeur lui-même positif, et il en va de même pour un apprentissage sous humeur négative. Dans la même étude, les mêmes auteurs montrent aussi ce résultat, en prenant bien soin de tester un groupe contrôle réalisant l'apprentissage sous humeur neutre, et pour lequel aucune différence significative n'est retrouvée que le rappel se fasse sous humeur positive ou sous humeur négative.

En 1981, dans une autre expérience, Bower hypnotisera des sujets pour les placer sous humeur joyeuse ou triste, et leur demandera de rapporter des souvenirs de leur enfance, non liés entre eux, et antécédents à leur quinzième anniversaire. Le lendemain, sans manipulation de l'humeur, les sujets reprendront chacun des événements relatés et les jugeront d'un point de vue émotionnel. Les sujets ayant fait le rappel sous humeur joyeuse estimeront que 92 % des événements rapportés étaient plaisants, tandis que les sujets ayant fait le rappel sous humeur triste estiment que 55 % de ces souvenirs sont tristes.

• Les *Flashbulb Memories*

Il existe dans la littérature une autre illustration de l'importance des émotions en mémoire, elle tient en une classe spécifique d'événements dont nous nous souvenons, qui possèdent une forte charge émotionnelle : les *flashbulb memories.*

Ce phénomène a été décrit pour la première fois en 1977 par Brown et Kulik. Ils parlent alors de souvenirs très vifs et détaillés d'une façon surprenante, en relation avec certains événements publics importants. Ils remarquent par exemple que bon nombre des Américains se souviennent dix ans plus tard, et de manière très nette, de l'endroit où ils se trouvaient, des actions qu'ils faisaient (comme allumer une cigarette), au moment où ils ont appris l'assassinat de John F. Kennedy. Il s'agirait de souvenirs qui préservent la connaissance sur un événement, aussi nettement qu'une photographie préserve les détails d'une scène.

Brown et Kulik proposent alors des facteurs expliquant la formation de ces *flashbulb*, comme la signification pour le sous-groupe social auquel appartient l'individu, les possibles conséquences personnelles de l'événement, l'effet des médias et bien entendu la surprise ou le choc émotionnel. Il est supposé que les *flashbulb* se constituent en grande partie lors de l'événement, lors du choc, au moment même où les informations relatives à l'événement sont encodées en mémoire, sous le coup de l'émotion.

Même si certains auteurs contestent la vision de Brown et Kulik en suggérant que ces souvenirs sont pour une grande part des reconstructions, il n'en est pas moins vrai que nous en connaissons tous et que chacun de ces souvenirs porte sa charge émotionnelle.

Loin des polémiques, Rubin et Kozin ont étudié, sept ans plus tard, chez des Américains, des souvenirs d'événements plus individuels, moins importants au niveau social, mais qui peuvent pour certains individus devenir des *flashbulb*. Les événements ayant provoqué le plus de ces souvenirs sont : « la nuit de remise des diplômes de fin d'année » (82,5 % des sujets) ; « un accident vu ou vécu » (82 % des sujets), « un discours public » (69,8 % des sujets) ou encore « une première expérience romantique » (58,2 % des sujets). Leurs conclusions sont que d'une part, il existe des *flashbulb* pour des événements personnels, sans grande conséquence sociale ; et que d'autre part, leur formation est essentiellement guidée par les émotions.

- **Effet pathologique**

Ces liens étroits entre les émotions et la mémoire ont de nombreux effets que l'on rapporte souvent à la mise en place et au maintien des troubles de l'humeur. Un individu se souviendra sans doute toujours de ses premiers ébats amoureux tant les émotions y furent intenses mais il se souviendra tout autant et avec force détails d'instants comme l'annonce du décès d'un proche. Malheureusement, pour le peu qu'il soit triste, ce sont ces derniers événements qui affleureront à sa conscience le plus fréquemment, le rendant triste de plus belle et écartant des événements positifs comme ses premiers ébats amoureux. De nombreuses études ont ainsi montré que, par exemple, les sujets anxieux ont tendance à rapporter plus d'événements négatifs dans des tâches de souvenirs comme ils ont tendance à traiter de façon préférentielle l'information anxiogène. Ceci est à rapprocher de la problématique de la focalisation de l'attention des individus anxieux qui recherchent sans cesse dans leur environnement, comme dans leur mémoire, des indices de menace et de danger.

Ces effets pourront aussi avoir des retentissements sur d'autres processus cognitifs utilisés quotidiennement. Ainsi, en considérant la congruence émotionnelle comme un filtre cognitif actif, diverses expériences ont mis en évidence le rôle des émotions sur le traitement de l'ambiguïté. Par exemple, Stegge et ses collaborateurs (1994) ont retrouvé cet effet de congruence pour des humeurs négatives ou positives chez des enfants de sept ans et onze ans dans des tâches de jugement de dessins ou de photographies, représentant des expressions faciales ambiguës ; effets qui ne sont pas apparus pour des photographies sans ambiguïté. Espérons que ces enfants n'ont pas été placés trop souvent dans des humeurs négatives, qu'ils n'aient pu prendre l'habitude de voir le mauvais côté des choses.

3. Émotion, décision et évaluation

L'amorçage émotionnel que nous venons de décrire a des conséquences très pratiques. Intuitivement nous avons conscience que nos choix, nos jugements et nos comportements sont influencés par nos états d'humeur. Tristes, nous écouterons plutôt de la musique classique et joyeux plutôt du rock. Il a été maintes fois montré, par exemple, qu'une personne dans un état émotionnel positif voit son environnement plus positivement, qu'elle est plus optimiste, qu'elle est prête à prendre plus de risques. La plupart des vendeurs ont compris ces effets depuis longtemps et nous proposent de nous détendre, de rire à leurs quelques blagues avant de nous faire signer au bas du contrat. La publicité tente de nous faire rire sur n'importe quel produit, sous n'importe quel prétexte plutôt que de nous apporter de l'information rationnelle et objective qui certes nous serait utile, mais qui ne nous ferait pas associer quelque chose de plaisant à un déodorant ou un papier toilette.

Cette influence des émotions est active aussi en contresens comme un biais de réponse négative, c'est-à-dire lorsqu'un individu, dans un état d'humeur négative, doit prendre une décision, lorsqu'il doit faire un choix sur une signification et qu'il n'a pas toutes les informations nécessaires pour le faire, il opte la plupart du temps pour la décision et l'interprétation *négatives*. Encore une fois, l'émotion pathologique qu'est l'anxiété nous en fournit des exemples parlants.

De nombreuses observations cliniques montrent que les personnes anxieuses surestiment sans cesse les menaces de leur environnement et sous-estiment leurs capacités à les affronter ; comme une personne peureuse surestimera toujours la peur qu'elle va rencontrer dans une situation menaçante. Un biais attentionnel sélectif fera que les sujets anxieux traiteront en priorité les stimuli relatifs à leur anxiété, et un biais d'interprétation fera que ces sujets auront tendance à interpréter tout stimulus ambigu comme en relation avec leur anxiété. Ce phénomène serait à l'origine de la forte fréquence de « fausses alarmes » que l'on retrouve chez les sujets anxieux et qui, à n'en pas douter, renforcent l'anxiété. À propos de ces surestimations et sous-estimations des menaces de l'environnement et des capacités à y faire face, Nesse et Klass (1994) se sont posé la question de savoir si les sujets anxieux n'étaient pas tout simplement objectifs, car ils savaient que les personnes non anxieuses ont, elles, une tendance systématique à surestimer les risques des événements rares, à sous-estimer ceux des événements communs et en particulier les risques sur eux-mêmes. Ils ont alors proposé d'estimer des risques comme le fait qu'un avion s'écrase sur leur maison, ou le fait d'attraper un rhume en hiver, à des sujets anxieux pathologiques et des sujets non anxieux. Les résultats de leur étude ne montrent que très peu de différences significatives entre ces deux populations, laissant penser que les sujets anxieux font des estimations cognitives des risques comme tout le monde. Ce serait donc bien les stimuli les plus ambigus qui profiteraient d'interprétations menaçantes systématiques. Toutefois, dans une expérience d'évaluation de probabilité d'événements, Butler et Mathews, onze ans plus tôt, avaient montré que les patients anxieux évaluaient les items positifs comme les sujets témoins, mais les items négatifs comme ayant plus de chance de leur arriver.

Rusinek et ses collaborateurs (1998) ont pu montrer d'autres biais d'évaluation chez des individus anxieux. Lorsqu'il est demandé à des patients souffrant de divers troubles anxieux de se souvenir d'événements de leur enfance, ils en rapportent de plus intenses émotionnellement et de tonalité plus négative que ne le font des sujets non anxieux. Il serait possible de croire qu'effectivement les patients anxieux ont vécu bien plus d'événements négatifs dans leur enfance et ceci pourrait même en partie expliquer leur trouble. Cependant, il est aussi possible d'interpréter ces résultats comme le fait que leur état d'humeur les conduit à la fois à se souvenir préférentiellement d'événements plutôt négatifs, et à extraire de l'ensemble des événements remémorés plus d'éléments négatifs. Pour étayer la seconde interprétation, en 2001, le même Rusinek, mais avec d'autres collaborateurs, a étudié l'interprétation que des enfants en classe de cinquième donnaient d'un même événement : le sermon de leur directeur d'établissement sur leurs performances scolaires. Les résultats montrent que sans relation avec lesdites performances, les enfants les plus anxieux jugent l'événement comme émotionnellement plus intense et plus négatif.

Loin d'être exhaustif, l'ensemble de ces considérations nous permet d'envisager des liens possibles entre les émotions et d'autres activités cognitives. Il est ainsi possible de comprendre comment l'émotion développe l'utilisation sélective de certains processus cognitifs dans un but, en premier lieu utile, d'adaptation de l'individu à son environnement et aux événements. Nous comprendrons aussi comment ce phénomène peut perdre de sa valeur adaptative et contribuer tant à des réactions ponctuelles qui paraîtront illogiques aux yeux du non-ému, qu'à l'élaboration et au maintien de certaines pathologies.

C'est dans ces idées que depuis plusieurs années se développent de nombreuses recherches et conceptualisations des émotions.

Chapitre 2

Quelques modèles émotionnels en psychologie

Pour définir les émotions, il faut nécessairement considérer des nombreuses variables parfois sans rapport direct les unes avec les autres comme les circonstances événementielles, les processus physiologiques, la mémoire, les processus adaptatifs, etc. Il est tout aussi essentiel de ne pas faire abstraction d'un certain ressenti que nous admettons tous, qui est l'essence même de l'émotion, qui conditionne notre vision des autres variables, mais qui reste indéfinissable car tellement subjectif. Il est alors normal que plutôt que de chercher à définir l'ensemble des variables ayant trait aux émotions, les modèles cherchent en premier lieu à répondre à certaines questions du type : comment se développent les émotions chez l'enfant ? dans quelles circonstances vont apparaître telles ou telles émotions ? qu'est-ce qui fera que je considérerai une émotion comme positive ? etc.

I. LE DÉVELOPPEMENT DES ÉMOTIONS

1. Quelques faits et principes

De simples observations nous apprennent que dès les premiers mois de la vie, les enfants éprouvent de la joie lorsqu'ils répètent des mouvements et observent les effets causés par ces mouvements ou lorsqu'ils rencontrent des stimuli différents de ceux qu'ils connaissent déjà. Différents cris et postures ont pu être décrits chez le nourrisson, comme des cris de faim, des cris de douleur, mais aussi des cris de colère, des postures de gènes et des postures de contentement-plaisir. Il est intéressant de souligner que, si dans ces descriptions il est fait allusion à des émotions, ce n'est jamais dans l'idée de quelque chose de perturbant, mais bien dans celle d'une adaptation efficace à l'environnement. Il est précisé pour les cris, quels qu'ils soient, qu'ils portent un message, et qu'ils entraînent des réactions de la part des adultes : nourriture, câlin, sourire, etc.

La valeur communicative des émotions pour les enfants paraît donc encore plus évidente : sans mots, ils parviennent à préciser ce qu'ils aiment, ce qu'ils n'aiment pas, leur état interne, leurs envies, etc. De quelques larmes lorsqu'ils sont seuls, suivies de quelques sourires et soupirs de plaisir lorsqu'ils sont pris dans des bras, ils sauront conditionner des adultes parmi les plus récalcitrants. L'émotion est l'un des principaux systèmes d'interaction de l'enfant avec son environnement et s'intègre dans quasiment l'ensemble de ses activités, comme par exemple le jeu. Alors cette communication à valeur émotionnelle peut être très riche, puisqu'elle dépend de la personne jouant avec l'enfant et du lieu où se déroule le jeu et elle est l'expression d'une multitude d'émotions comme la joie, la tristesse et la surprise. Il est évident que ces émotions sont essentielles pour le développement de l'enfant, et que de plus, au regard des réactions attendries des adultes de son entourage, elles assurent le bien-être de la famille tout entière.

Dès le plus jeune âge, le développement émotionnel de l'enfant est en fait en relation avec les émotions que ressentent les personnes de son entourage à son contact. D'aucuns avancent même que certaines émotions n'ont rien d'inné et peuvent être apprises par imitation des pairs. Le bébé sourit quand on lui sourit, tire la langue quand on lui tire la langue. Seulement, plusieurs études ont su montrer que la plupart des mimiques émotionnelles remarquées chez le nourrisson, comme la protrusion de la langue, sont en premier lieu de l'ordre du réflexe, donc ont une part innée. Ensuite, pour le bonheur des acteurs spécialisés dans la tragédie shakespearienne, l'imitation ne saurait être une cause suffisante au ressenti, il faut pour cela une compréhension de la situation, un système de signification, or pour les bébés, il y a ressenti.

Comme les émotions sont en partie les conséquences d'interactions de l'enfant avec son environnement, elles pourraient évoluer ontogénétiquement selon différentes voies, en fonction des situations rencontrées et des processus cognitifs développés. Ces évolutions émotionnelles donnant des émotions de plus en plus différenciées. Plusieurs facteurs prennent ici de l'importance dans le développement. Le langage par exemple sera l'un d'eux. C'est grâce aux mots que l'enfant apprend à caractériser ses états internes, grâce à eux qu'il va pouvoir exprimer et tenter de comprendre ce qu'il ressent. Si des ressentis émotionnels peuvent être universels, des variables culturelles vont obligatoirement intervenir dans ce développement. Nombre d'auteurs ont pu remarquer que selon les cultures, les réactions de tout ordre qui représentent la peur ou la tristesse ne sont pas strictement identiques. Cela peut être attribué à l'emploi des mots qualifiant l'émotion qui n'ont pas tous la même valeur sémantique.

À ce propos, Bloom et Beckwith (1989) remarquent que lorsque l'enfant ne possède encore que quelques mots, ceux-ci sont plus souvent prononcés sans manifestation émotionnelle. Lorsque toutefois il y a une émotion de l'enfant en liaison avec un mot prononcé, celle-ci culmine avant que le mot lui-même ne soit dit. Les auteurs proposent alors l'hypothèse d'une compétition pour les ressources cognitives entre les deux modes d'expression : verbal et comportemental. La relation simultanée entre l'expression d'un mot et d'une émotion ne pourrait donc se faire qu'après diverses phases d'apprentissages permettant à l'enfant d'intégrer les deux systèmes par le vécu de nombreuses expériences émotionnelles. De ce fait, les auteurs font la proposition suivante : ce sont les mots auxquels les enfants sont le plus souvent exposés qui en premier lieu pourront être prononcés en même temps qu'une expression émotionnelle est produite. De plus, les auteurs ont observé qu'au moment où l'enfant commence à pouvoir exploiter les deux processus simultanément, les affects en question sont plus souvent positifs que négatifs, mais ils remarquent aussi que l'univers normal d'un enfant est constitué de plus de mots et d'expressions émotionnellement positifs que négatifs. Ce n'est bien souvent que justice vue les efforts parentaux en ce sens.

Parmi les variables primordiales dans le développement des émotions, il y a les capacités de compréhension. Par étapes, l'enfant intègre dans ses jugements, dans sa vision du monde, les données que les adultes eux-mêmes considèrent. Ce ne serait que vers deux ans et demi, par exemple, qu'un enfant serait capable de comprendre que d'autres personnes ressentent des émotions comme lui-même les ressent. Mais, même conscients de la vie émotionnelle d'autrui, les jeunes enfants n'admettraient pas les mêmes causes aux émotions que les adultes. Pour preuve, dans diverses expériences durant lesquelles ils proposaient des histoires à juger sur le plan émotionnel, Stein et Levine (1989) ont montré que les enfants de trois ans jugent surtout une émotion en fonction de l'agent qui en est la cause, et des buts d'une action qui sont atteints ou non atteints. Ce n'est que vers six ans qu'un enfant sera capable, pareillement à l'adulte, d'évaluer les mauvaises intentions de l'agent, et de les prendre en compte dans ses jugements. Jusqu'à cet âge, l'enfant peut donc se retrouver face à certaines situations qu'il jugera d'une façon inadéquate et contraire aux jugements que les adultes de son entourage feront. Quelques années plus tard, Levine montrera que même les enfants de six ans ont encore des difficultés à faire la distinction entre des situations hypothétiques censées évoquer la peine, et d'autres censées évoquer la colère. Les jeunes enfants ne prendraient pas en compte le tort intentionnel dans leurs évaluations, et prédiraient la colère quand pour eux les buts peuvent être rétablis et la tristesse lorsque ce n'est pas le cas, que la perte est irrévocable. Cette incompréhension des situations émotionnelles pourrait être l'une des causes de mauvaises intégrations d'informations capitales dans les souvenirs de chacun.

Dans la même idée, Harris et ses collaborateurs (1989) montrent, en utilisant aussi des jugements de scènes hypothétiques, qu'entre trois et six ans, les enfants jugent incorrectement du point de vue émotionnel, des situations qui leur sont proposées pour encore d'autres raisons. Jeunes, ils ont tendance à ne pas considérer les caractères objectifs et les motivations des acteurs d'une situation, et à ne prendre en compte que leur propre système de référence afin de formuler un jugement. Avant six ans, un petit garçon considérera qu'un chien est heureux de trouver une petite voiture dans sa niche, et qu'il est malheureux d'y trouver une écuelle remplie de viande. Mais, progressivement, jusqu'à l'âge de sept ans, les enfants apprennent à prendre en considération les désirs et les croyances des autres, et à les intégrer dans leurs jugements.

Les processus d'évaluation de situations émotionnelles, mais aussi les processus d'expressions émotionnels eux-mêmes évolueront de la naissance jusqu'à l'âge adulte, voire au-delà. Cette évolution, qui n'est pas nécessairement linéaire, se fait dans le sens d'une prise en compte d'éléments de plus en plus divers dans les jugements affectifs qui sont effectués. Par le langage, et par la considération des croyances et des désirs d'autrui, ce développement émotionnel prendra une importance certaine dans le développement des comportements sociaux, qui eux-mêmes, en retour, influenceront les émotions.

2. Quelques modèles

• Bridges le précurseur

Pour décrire et expliquer ces émotions chez l'enfant, Bridges, dès 1930, après une étude longitudinale, proposait un développement séquentiel dans les premiers mois de la vie. Pour lui, les nouveau-nés ne ressentent généralement que de l'excitation ou de l'agitation, émotion non distinguée qui se compose de quelques réactions viscérales et sommaires peu coordonnées, et qui est la réponse à un très grand nombre de stimulations. Puis au cours du temps, par distinction des réactions viscérales qui se combinent avec des réponses squelettiques spécifiques, par maturation, par apprentissage de nouvelles habilités motrices et développement des *capacités cognitives*, l'enfant est à même de ressentir et d'exprimer des émotions différenciées. Toutes ces émotions qui apparaissent ne sont que des affinements successifs issus de l'excitation primaire dont la première scission comprend la souffrance (ou le désespoir) conséquence des stimulus troublants et le ravissement (ou le plaisir) conséquence des stimulus satisfaisants.

Par exemple, à trois semaines, l'enfant est capable d'exprimer le plaisir et le désespoir, comme deux formes d'excitations différentes. À six mois, le désespoir s'étant affiné, la peur, le dégoût et la colère peuvent apparaître. À douze mois, c'est un affinement du plaisir qui permet à l'enfant de connaître l'affection pour les adultes et la joie. Et ainsi de suite, jusqu'à l'âge de deux ans où les principales émotions sont présentes dans le répertoire de l'enfant.

Mais Bridges précise que cette séquence évolutive n'est pas immuable, et que bien qu'il y ait des émotions communes à chacun, fondées sur des expériences que nous vivons tous, deux enfants peuvent ne pas développer à un même âge certains groupes d'émotions car ils sont différemment constitués ou leur milieu n'est pas exactement le même. De plus, il faut considérer que si les émotions peuvent être identiques chez deux enfants, leurs patterns d'expression peuvent être différents, en ce sens qu'une grande joie peut faire pâlir un enfant alors qu'un autre en rougira. Bridges propose aussi que les patterns viscéraux d'un même enfant changent avec le temps, et que ces changements seraient aussi à la base de différenciation dans le développement ontogénétique des émotions.

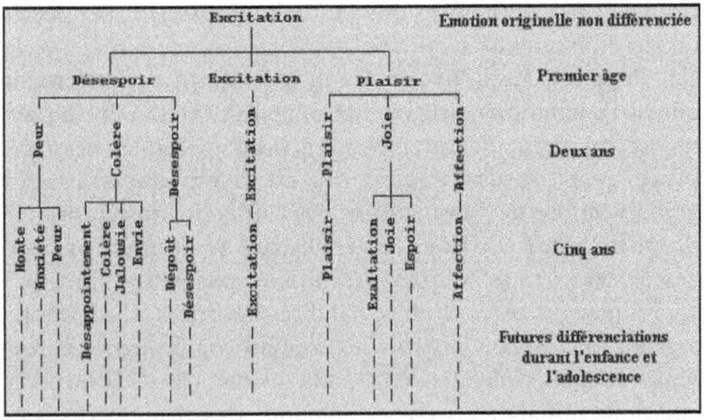

Figure 1 – *Succession des émotions dans le développement ontogénétique chez les enfants (d'après Bridges, 1930)*

- **Et d'autres...**

Izard dans les années 1970 postule que quelques émotions simples sont présentes chez l'enfant à la naissance, comme le dégoût ou la détresse, exprimées par les expressions faciales, et dont le rôle est de signaler certains *déplaisirs de l'enfant*. Puis, d'autres émotions émergent, en fonction des caractères adaptatifs que développe l'enfant, l'adaptation la plus importante étant la communication.

Les développements des capacités motrices, perceptives et cognitives rendent les émotions possibles, mais n'en sont pas directement la cause. Ainsi, la peur, par exemple, va se développer lorsque l'enfant va pouvoir se déplacer seul. Cette peur a en fait pour rôle de lui faire éviter certains risques.

Sroufe, à la fin de la même décennie, propose que le nouveau-né connaisse déjà trois émotions primordiales : la « prudence-peur », la « rage-colère » et le « plaisir-joie ». Il admet, lui aussi, que certains développements de l'enfant, comme son habilité à s'exprimer ou ses capacités à se débrouiller seul, vont faire évoluer les émotions qu'il connaît. Plus tard, l'enfant, avec l'émergence d'une *auto-représentation*, va connaître peu à peu toutes les émotions que l'adulte connaît.

Lewis et Michalson, au début des années 1980, postulent eux que les émotions se développent parallèlement au développement du *soi*, qui est en fait l'amalgame de propriétés subjectives et objectives comme le genre, la taille, la compétence ou l'âge. Les enfants apprendraient, par exemple, le plaisir ou la peine à partir de conditions physiques et sociales qui principalement ont une influence sur leur bien-être personnel. Les auteurs supposent l'existence de stades de développement de ce *soi*, correspondant donc à des stades de développements émotionnels.

Lewis, dix ans plus tard, proposera aussi une conception du développement émotionnel des trois premières années de l'enfant, se rapprochant étroitement de celle de Bridges. Il conçoit qu'à la naissance, la vie émotionnelle de l'enfant soit bipolaire : d'un côté une détresse générale marquée par les cris et l'irritabilité et de l'autre côté le plaisir, marqué par la satiété, avec entre les deux, l'attention et la sensibilité à l'environnement. Continuum émotionnel qui revêt aussi des pôles positif et négatif. Puis, dès trois mois, ces trois états émotionnels primaires font s'affiner pour engendrer de nouvelles émotions. Mais l'intérêt du modèle est qu'il pose clairement les conditions contextuelles d'acquisition des nouvelles émotions. La tristesse, par exemple, apparaîtra avec le retrait de stimuli positifs ; le dégoût, dans sa forme primitive est lié aux sensations gustatives désagréables. Plus tard, ces conditions contextuelles sont le reflet d'habilités cognitives de l'enfant et de compréhensions de son monde. Ainsi, l'appréhension ne pourra apparaître que lorsque l'enfant aura acquis la possibilité de comparer les événements internes ou externes et les causes qui le rendent peureux, avec d'autres événements. L'embarras, l'empathie, l'envie, ne pourront apparaître qu'avec la prise de conscience de soi de l'enfant. Ce dernier connaîtra aussi une évolution importante dans ses émotions lorsqu'il sera capable de comparer ses comportements aux standards qui l'entourent, cette habilité apparaissant d'ordinaire plutôt après la troisième année.

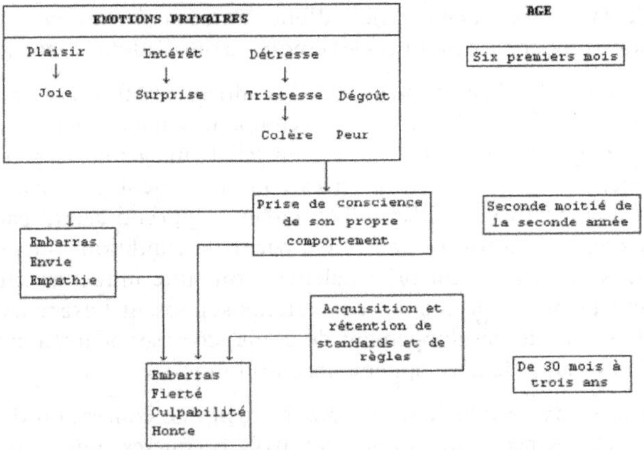

Figure 2 – *Développement des émotions durant les trois premières années de la vie (d'après Lewis)*

Toutes ces visions se rapprochent dans le sens où elles admettent des stades de développement émotionnels, plus ou moins rigides, parallèles à certains stades de développement moteurs et cognitifs qu'il est possible de mettre en relation avec les stades piagétiens. Ces différents auteurs parlent d'ailleurs d'une certaine façon de schèmes émotionnels que l'enfant acquiert et qui lui permettent de passer d'un stade à un autre. L'imbrication de ces différents développements est évidente dans l'observation. Vers cinq mois, un bébé commencera à tendre ses mains vers le biberon qu'on lui présente avec une moue de satisfaction mais retirez-lui ce biberon, cachez-le derrière votre dos et vos *coucou-beuh* ne feront rien à ses cris et son désespoir. Quelques semaines plus tard, le même bébé aura acquis l'idée de la conservation des objets et rira de bon cœur à votre blague privative, pour peu qu'elle ne dure pas trop longtemps.

Il existe aussi une vision plus biologique du développement des émotions comme en parle Braconnier dans *Le Sexe des émotions*. Dans cette optique, et de manière assez réductrice, les émotions sont ramenées aux différences hormonales de la croissance. Il est possible par exemple de constater que les enfants souffrant d'hyperplasie surrénalienne, c'est-à-dire d'une anomalie génétique entraînant une hypertrophie de la glande surrénale, sont plus agressifs que les autres. Or la glande surrénale produit des hormones androgènes, dont la testostérone, qui interviennent dans le développement des caractéristiques sexuelles masculines telles que l'appareil génital, la voix ou encore la pilosité. Les jeunes filles souffrant d'hyperplasie surrénalienne, dites androgénéisées, développent certaines caractéristiques sexuelles assez masculines, et sont considérées comme très agressives… Il est tout aussi facile d'observer que les jeunes garçons sont en moyenne plus agressifs que les jeunes filles.

Suite à ces constatations, il est possible d'envisager que les émotions se développent en partie sur la base des influences biologiques hormonales. Les hormones impliquées ici sont pour la plupart associées à un sexe.

Une vision sexuée comme celle-ci trouvera aussi une justification dans l'adaptation en mettant en avant les rôles différents associés aux individus en fonction de leur sexe. Mais pour beaucoup, c'est oublier que l'être humain est sans doute autre chose que le fruit de ses hormones, que son environnement, par ses interactions, a sans aucun doute bien plus d'importance. Le développement hormonal est sans aucun doute, d'une manière ou d'une autre, en relation avec le développement émotionnel, mais l'on peut craindre trop de simplifications si l'un est vu comme la cause principale de l'autre, simplifications telles que : « Quand on voit tous les poils qu'il a, on ne s'étonne pas qu'il soit aussi méchant », ou : « C'est comme mon chien, il grognait tout le temps, c'était du n'importe quoi, mais depuis qu'on l'a opéré, il est doux comme un agneau. »

II. DES ÉMOTIONS PRIMAIRES ET UNIVERSELLES

1. Problématique

Il est souvent question, lorsque l'on étudie les émotions, de se poser la question de leur origine phylogénétique. Darwin, qui initia le grand débat, les voyait donc comme un héritage de notre évolution. Il tenta bien de mettre son hypothèse à l'épreuve en interrogeant des voyageurs sur les expressions des émotions à travers le monde, mais sa méthodologie fut assez critiquée dans le sens où il savait poser les questions pour qu'elles donnent les réponses qu'il voulait entendre. Cette idée de l'universalité s'appuie sur le fait que nombre d'émotions sont identifiables chez les autres animaux et que plus ceux-ci sont évolués, plus leurs émotions sont diversifiées, complexes et ressemblantes aux nôtres.

Bien d'autres auteurs comme Izard ou Plutchik proposent, en partant de la vision universelle, une description d'émotions dites *émotions primaires* ou *émotions de base*. Il s'agirait d'émotions que chaque homme, quels que soient sa culture et son environnement, viendrait à ressentir, à exprimer et à reconnaître chez les autres hommes. Des émotions qu'il est presque possible de considérer comme de simples réflexes (peur, colère, joie, dégoût…) et qui sans doute se différencieraient d'autres émotions plus élaborées, plus construites qui elles nécessiteraient des élaborations cognitives (honte, culpabilité, pitié, tendresse…). Émotions de bases ou émotions primaires nécessaires à la survie de l'espèce, génétiquement inscrites et que l'on observe dans les séquences du développement ontogénétique.

Par leur nature, ces émotions ne seraient que peu soumises à l'influence de la culture, elles seraient *universelles*, existeraient chez chacun de nous sous la même forme.

Cette notion d'universalité repose aussi sur le postulat de l'existence innée, de programmes, de processus neurologiques sous-jacents à toute émotion, donc indépendants de toute acculturation. Si des programmes neurologiques sont ainsi communs à chacun, leurs signes extérieurs doivent être reconnaissables par tous : je souris lorsque je suis joyeux et chaque homme doit comprendre que je ressens cette joie, car chaque homme sourit dans cet état.

2. Ekman et les expressions faciales

C'est à Ekman dès les années 1960, que l'on doit les travaux les plus représentatifs de cette dernière idée. Avec ses collaborateurs, il proposa à des étudiants chiliens, japonais, américains ou encore brésiliens, des épreuves de *jugement*, c'est-à-dire une présentation de photographies d'expressions faciales devant être catégorisées. Ses premiers résultats tendent à confirmer la thèse universaliste.

Plus tard, retrouvant en Nouvelle-Guinée des tribus d'indigènes qui n'avaient eu que peu de contact avec la civilisation occidentale, il leur proposa de reconnaître des émotions sur des visages d'Occidentaux. Ses résultats allèrent de nouveau dans le sens de ses hypothèses, même si les Guinéens interrogés eurent des difficultés à distinguer la peur de la surprise.

Ekman avait aussi pris soin de détailler les façons guinéennes d'exprimer certaines émotions en filmant des mimes de scènes telles que : « Vous êtes en colère, prêts à vous battre », ou : « Votre enfant est mort. » Il proposa donc ensuite à des étudiants américains, par les mêmes épreuves de jugements, d'analyser les expressions faciales des Papous.

Comme d'autres chercheurs, Ekman utilisa également une seconde méthode d'étude des expressions faciales émotionnelles, celle des *constituants*. Il s'agit de placer des sujets dans des situations pouvant être standardisées, comme un film, censées déclencher une émotion particulière, et d'analyser les modifications apparues sur leurs visages. On compare alors ces modifications du visage à celles catégorisées avec une valeur émotionnelle, et ceci peut être fait en fonction des cultures. L'analyse est assez fine puisque des centaines de modifications neuromusculaires peuvent être enregistrées sur le visage (clignement de l'œil, froncement du bas du sourcil gauche, pincement des lèvres, frémissement du lobe de l'oreille droite, etc.) et qu'il est possible de leur associer des enregistrements des réactions viscérales, hormonales ou biochimiques. Par cette méthode, il put ainsi dans plusieurs recherches valider sa thèse.

Par ses nombreuses études interculturelles, Ekman a pu, semble-t-il, dégager des patterns correspondant à au moins six émotions qu'il nomme primaires ou de base, qui sont implicitement utilisées par *tous les hommes* : la joie, la tristesse, la colère, la peur, l'étonnement et le dégoût.

- **Controverse**

Mais il existe une controverse à propos de cette universalité qui se situe à au moins trois niveaux d'explication.

D'abord, qu'un Papou exprime la joie par un sourire, un clignement de l'œil ou tout autre signe comme un Chinois ou un Français le font eux-mêmes n'est en aucun cas une preuve suffisante quant à l'innéité des émotions. Les différents environnements de l'homme sont assez semblables en bien des points pour que leurs influences aillent dans des sens identiques et fassent par une alchimie incomprise aujourd'hui encore que la joie s'exprime par le sourire. Cet argument est d'autant plus avancé que des différences culturelles existent dans certaines façons d'exprimer les émotions qui naïvement pourraient être considérées comme *réflexes* : ainsi le rire chez les Japonais peut aussi bien exprimer la joie que l'embarras.

Ensuite, il reste évident que les émotions sont pour une grande part culturellement construites. Ekman lui-même relève que de nombreux signaux compris comme émotionnels ne sont que conversationnels et induit par la culture, et que, selon le stéréotype, un Italien, sans le son, peut paraître en colère à sa façon de bouger les mains et les bras alors qu'il ne fait que raconter son petit-déjeuner. La meilleure preuve de cette construction culturelle, s'il en est une, est qu'il existe des mots pour désigner les émotions qui ne sont pas équivalents dans chacune des langues utilisées par l'être humain. Les valeurs sémantiques des termes émotionnels étant différents, les études sur les émotions sont, dans bien des cas, culturellement biaisées dès leur mise en œuvre. De plus, les objets d'ancrage de certaines émotions ne sont pas les mêmes d'une culture à une autre ; ainsi les dragons font plus peur aux enfants en Orient qu'en Occident, les trolls terrorisent au nord et les djinns au sud, les escargots persillés allèchent de nombreux Français et dégoûtent la plupart des Anglais. Des études que nous menons sur le développement et les objets des peurs en comparant des enfants marocains, français d'origine européenne et français d'origine marocaine, montrent clairement que certaines peurs existent de manière identique dans ces cultures et suivent le même développement, tandis que d'autres sont imprégnées de l'acculturation. De plus nous avons pu remarquer que lorsqu'un enfant possède à la fois la culture européenne et maghrébine, le développement de ses peurs se fait en fonction d'un savant mélange de ces deux influences.

En troisième lieu, exprimer une émotion et la reconnaître est sans doute autre chose que l'utilisation de programmes neurologiques innés et universaux. Les images de synthèses et les films d'animation en sont sans conteste un bon indice. Les studios Pixar par exemple, qui ont réalisé pour Walt Disney des films comme *1 001 Pattes* ou les *Toy Story*, se sont d'abord rendus célèbres par quelques courts-métrages qui aujourd'hui font la première partie de leurs plus grandes productions. Le premier de ces petits films, *Luxo Jr.*, met en scène une lampe de bureau articulée qui bouge en fonction des mouvements d'une autre lampe de bureau en tout point identique, mais plus petite. Les mouvements de cette seconde lampe sont eux déterminés, en partie, par un petit ballon qui roule et qui crève. Et une description non émotionnelle de cette histoire ne saurait aller plus loin, car nous reconnaissons tous, dans ce couple de lampe, une mère et son enfant qui interagissent. La mère est inquiète, dépassée par les jeux de son bambin, l'enfant est joyeux des rebonds de la balle, il est triste lorsqu'elle se dégonfle. Les *personnages* expriment des émotions que nous identifions clairement, ils parviennent mêmes à nous faire ressentir certaines d'entre elles. Seulement, ce ne sont que deux lampes de bureau qui n'ont ni membre, ni visage, ni programme moteur inné. Une simple oscillation de la *tête-ampoule* de la plus grande montre combien elle est désemparée, un rebond de la plus petite suffit à la rendre joyeuse. Il existe ici un contexte et des attentes qui font que nous nous empressons de reconnaître de l'émotion et des expressions émotionnelles où il n'y en a pas. Mais cet exemple nous montre aussi comment l'expression des émotions tient à peu de chose et n'est pas nécessairement aussi complexe que bien des études décomposant la joie en la contraction simultanée et précise d'une dizaine de muscles faciaux le voudraient.

3. Solution ?

La conclusion la plus prudente est comme toujours normande. Elle consiste à dire que des universaux émotionnels semblent exister, comme existent aussi d'importantes différences culturelles. Toutefois, il est possible de conclure autrement, en remarquant – comme Lorenz, le célèbre éthologue, le suggérait – que des expressions faciales témoignant d'émotions et servant à la communication pourraient en effet être universelles car d'une part elles sont comprises sans erreur par les individus d'une même espèce, mais le sont aussi par des individus d'autres espèces. Ainsi, un petit chien d'Europe centrale saura sans aucun doute ce qu'un gros chien d'Amérique du Sud veut lui faire comprendre en relevant ses babines et en montrant ses crocs, et nous, êtres humains, nous le comprendrons également.

Il faut toutefois remarquer que lorsque nous comprenons ce que le gros chien veut faire comprendre, ce n'est pas uniquement par son expression faciale, le chien tremble de tout son corps, a les poils qui se hérissent et grogne. Il utilise des signaux associés, comme nous en utilisons, et une émotion ne saurait être réduite à une simple photographie. Chez l'homme, avoir peur, être heureux, pleurer, va aussi s'entendre dans la voix. La prosodie n'est qu'un exemple parmi d'autres, mais elle est essentielle dans la reconnaissance précise d'une émotion, car elle porte de la signification. Mais encore une fois, l'émotion ne saurait être réduite à cette seule composante qui rapidement montre ses limites car, juste à partir de simples variations vocales il est parfois difficile de distinguer le rire des larmes, surtout lorsque l'on rit aux larmes.

III. DES CIRCONSTANCES D'APPARITION DES ÉMOTIONS

1. Généralités

Si nous interprétons les mouvements d'une lampe de bureau comme émotionnellement signifiants, ce n'est donc pas parce que nous souffrons de graves troubles mentaux, mais parce que nous reconnaissons dans la scène des circonstances, des contingences, que nous associons à des émotions précises. Il s'agit, loin des considérations physiologiques, de savoir ce qui fait que dans certaines circonstances, nous allons nous attendre à ressentir, et ressentir effectivement, de la joie plutôt que de la peur ; pourquoi lorsque je casse un objet auquel je tiens je suis triste alors que si quelqu'un d'autre le casse, je me mets en colère ?

Pour répondre à cette question, deux options. D'une part considérer qu'il existe des facteurs individuels dans l'interprétation des événements qui se combinent avec des facteurs environnementaux pour permettre de les interpréter. Alors, chacun réagit différemment et établir un modèle est bien compliqué. D'autre part, oublier les facteurs individuels et ne considérer que des variables situationnelles catégorisables. Nous commencerons par cette façon de voir les choses.

Dans la catégorisation des circonstances événementielles, de nombreuses variables peuvent être prises en considération. Pour les plus simples, il peut s'agir de la balance coûts/bénéfices, et il sera supposé que plus les bénéfices sont importants, plus l'émotion sera positive. Dans la même idée une perte sera associée à des émotions plutôt négatives, mais la perte elle-même peut avoir plusieurs valeurs comme nous l'avons vu chez l'enfant : une perte irrémédiable provoque de la tristesse, une perte révocable de la colère. Les intentions des différents acteurs sont aussi à prendre en compte, comme les liens qui les unissent car chacun sait que l'on s'énerve en public plus facilement contre des personnes qui nous sont proches que contre des étrangers.

Plusieurs auteurs présentent ainsi des listes de variables importantes dans la compréhension des scènes émotionnelles. Weiner et Graham (1989), par exemple, proposent qu'un événement de vie prenne une valeur émotionnelle en fonction de ses causes, de ses conséquences, et des agents de celles-ci. Il s'agit donc pour interpréter émotionnellement une scène de l'analyser en précisant qui la contrôle, quelles en sont les conséquences et qui les assume. Cet événement, déclencheur d'émotion, aura pour résultat d'influencer les actions d'un individu, d'influencer son état émotionnel ultérieur et ses relations avec autrui. Partant de cette idée, ils décrivent une taxinomie sociale des émotions, fonction des éléments s'intégrant dans leur évaluation et des tendances d'actions interrelationnelles qui en résultent. Ils montreront aussi, par diverses études, sur une population de sujets dont les âges sont répartis de 5 à 95 ans, que ces dimensions sociales et interpersonnelles évoluent au cours de la vie.

Dans ce modèle résumé en tableau, la catégorisation est assez simple : ne sont pas pris en compte l'intentionnalité de l'acteur, le caractère définitif ou non de la situation et les efforts à mettre en place pour rétablir une situation négative. Malgré cette simplicité apparente, il est net que seules quelques variables suffisent déjà à catégoriser émotionnellement de nombreuses scènes, à en entrevoir les conséquences dans les comportements des individus. Y ajouter des variables, c'est bien entendu différencier plus précisément encore les circonstances d'apparition de telle ou telle émotion, mais c'est aussi rendre le modèle de moins en moins lisible.

L'intérêt de cette démarche de catégorisation est principalement la possibilité d'analyse *objective* des événements, qui va de paire avec un potentiel pouvoir de prédiction des émotions qui seront ressenties, sans prise en compte de variables individuelles. Pourtant, certaines variables individuelles sans faire partie de celles qui rendront l'analyse *subjective* peuvent aussi être intégrées comme par exemple les motivations générales d'un individu, les buts vers lesquels il tend. Le modèle de ce type le plus connu est sans doute celui de Mandler et des interruptions de plans.

Tableau 1 – *Antécédents et conséquences des quelques expériences affectives (d'après Weiner et Graham)*

Résultat	Cause	Affect	Tendance d'action
Négatif pour soi	Contrôlable par les autres	Colère	Représailles contre les autres
Négatifpour les autres	Contrôlable par les autres	Colère (irritation)	Négligence (retrait des autres)
Positif pour soi	Contrôlable par les autres	Gratitude	Aller vers les autres
Négatif pour soi	Contrôlable par soi	Culpabilité	Réprimandes (retour à la tâche)
Négatifpour les autres	Contrôlable par soi	Culpabilité	Réprimandes (aller vers les autres)
Négatifpour les autres	Incontrôlable	Pitié (sympathie)	Aller vers les autres
Positif pour soi	Soi	Fierté	Récompense (retourner à la tâche)
Négatif pour soi	Soi	Baisse de la fierté	Retrait de la tâche
Négatif pour soi	Incontrôlable par soi	Humiliation	Recul (loin de la tâche)

2. Mandler et les interruptions de plans

Des mots simples expliqueraient ainsi le modèle que Mandler proposa dans les années 1970. Chacun de nous, consciemment ou non, a des buts et tend à leur accomplissement. Pour cela, en fonction des conditions environnementales que nous connaissons, nous mettons en place des plans d'actions, c'est-à-dire des séquences d'actions qui vont gérer nos comportements. Ces buts peuvent être plus ou moins importants et porter sur des échéances à plus ou moins long terme. Nous pouvons avoir pour but ultime de vivre heureux dans une grande maison, avec un feu de cheminée, un grand chien, un conjoint aimant et des enfants non bruyants. Pour atteindre ce but, nous concevons autant de plans d'actions que de sous-buts : réussir nos études, trouver un emploi, trouver l'être à aimer, etc. Sous-buts qui eux-mêmes sont décomposables en plans d'actions menant à d'autres sous-buts, etc.

Il est supposé que lorsqu'une séquence d'actions est interrompue, par l'apparition d'un stimulus inattendu par exemple, alors toute notre attention se tourne vers la cause de cette interruption, qu'il y a alors une activation physiologique indifférenciée qui sert d'alarme à notre organisme.

Alertés, nous considérons le devenir de la séquence d'actions en cours et la cause de son interruption. Si la cause de l'interruption est retrouvée et que la séquence peut être réamorcée, ou remplacée par une autre séquence plus adéquate alors il n'y a pas d'émotion et la vie poursuit son cours. Mais si la séquence ne peut s'achever ou être remplacée, alors apparaît une émotion. La valeur de l'émotion va, elle, dépendre d'une interprétation cognitive de la situation, sachant qu'*en gros* il va s'agir d'interpréter à la fois les chances d'atteindre le but visé dans le nouveau contexte et le coût d'une nouvelle séquence d'actions.

Différentes évaluations de la situation seront faites par feed-back successifs et seront prises en compte, les potentiels et activations physiologiques, les réponses comportementales possibles…

Si malgré toutes les tentatives aucune réponse adéquate n'est activée, ce sont des émotions négatives qui vont être ressenties : tristesse, peur, anxiété, etc. Si un nouveau plan peut être mis en place, ce sont des émotions positives qui vont apparaître : joie, amour, contentement, etc.

La valeur de l'émotion va donc dépendre non pas directement du stimulus interrompant le plan, mais des conséquences sur les buts : les atteindre plus vite est positif, les abandonner définitivement est négatif, avoir tout de même l'espoir de les atteindre est stimulant.

Mandler inspira par ce modèle de nombreux autres auteurs comme Stein et ses collaborateurs qui se sont plus intéressés aux processus séquentiels qu'un sujet active pour donner une réponse et un sens aux événements émotionnellement chargés. Ils supposent que les réactions émotionnelles sont directement liées à l'atteinte d'états désirables et à l'évitement d'états indésirables pour ce qui est des émotions positives et au non-évitement d'états indésirables pour ce qui est des négatives. Comme précédemment, un individu formerait des plans d'actions en fonction de buts successifs à plus ou moins long terme, mais comme chacun est faillible, s'y glisseraient des erreurs. Ces erreurs seraient les causes des interruptions de plans et entraîneraient des réactions émotionnelles dont l'utilité serait alors de focaliser les actions du sujet vers l'établissement de nouveaux buts et des plans qu'ils sous-tendent. L'émotion est alors vue comme un moment privilégié, où l'individu centre ses ressources pour changer ses buts, les rétablir, les réviser, en générer de nouveaux, avec toujours en vue que les plans reformulés ainsi permettent d'atteindre un état désiré et d'éviter des conséquences négatives. Les activations émotionnelles cognitives et physiologiques seraient maintenues tant que la situation de recherche n'a pas pris fin.

Dans cette acception, les buts importants, même atteints, sont maintenus activés, si bien que l'enregistrement d'un événement émotionnellement chargé se fera en liaison avec des événements s'étant déroulés après l'épisode initial. La conséquence de cela est que par la suite tout ce qui se rapporte à l'atteinte ou non d'un but important pour l'individu servira à établir de nouveaux plans d'actions pour des buts ayant des similarités avec le but initial. Ne pas avoir atteint un but important pourrait donc prédire la tristesse et l'avoir atteint prédirait la bonne humeur et le moral au beau fixe.

Dans ces perspectives d'interruption de plan, un événement prendra plus ou moins d'importance émotionnelle pour un sujet selon que celui-ci réagit plus ou moins vite, d'une manière plus ou moins adéquate. Toutefois, même s'il semble que, connaissant les tenants et aboutissants d'une situation, il serait facile de la catégoriser émotionnellement, il souligne l'idée, dans ces modèles, que deux individus peuvent posséder le même registre de réponses, mais réagir d'une manière différente pour des raisons typiquement intrinsèques (niveau d'attention, vivacité d'esprit, etc.). Alors, un même événement n'a pas les mêmes conséquences pour ces deux sujets et cela à cause de variables individuelles qui guident l'interprétation cognitivo-émotionnelle de la situation.

IV. L'ÉVALUATION COGNITIVE

1. Premiers travaux

Comme James et Cannon l'affirmaient malgré la controverse, comme Darwin le laissait entendre, l'émotion est déclenchée, s'exprime et perdure par des évaluations de la situation qui la génère. Aucun modèle émotionnel ne peut se passer d'expliquer l'attribution d'un sens à un événement, sens qui le chargera ou non d'une émotion. C'est dans cette perspective aujourd'hui largement dominante de recherche de sens dans les événements, que quelques travaux princeps ont été menés.

Dans les années 1920, Maranon, médecin de son état, injecte de l'adrénaline, largement liée à la physiologie de l'émotion, à plus de deux cents personnes et leur demande de décrire ce qu'ils éprouvent. Environ 70 % d'entre eux expliquent leur ressenti physiologique en ne parlant que de manifestations à ce niveau, mais les 30 % restant ne peuvent, sans expliquer pourquoi, s'empêcher de rapporter leur description à des émotions. Toutefois ces émotions ne sont pas clairement définies par les sujets, ce sont des émotions que Maranon appellera *émotions froides*, émotions *comme si*. En y réfléchissant, il est simple de conclure que la situation n'étant pas émotionnellement chargée, il n'y avait pas de raison pour que ces sujets ressentent de vraies émotions. Néanmoins, les impressions et références de certains montrent un premier lien entre les émotions et l'activation physiologique. En continuant cette logique, il nous faut conclure que si l'activation physiologique pour ressentir des émotions pouvait être présente, il manquait toutefois une cause émotionnelle à cette activation : les sujets savaient en effet que la piqûre allait avoir certains effets, avaient donc dans leur environnement une cause à leur ressenti, cette cause n'étant pas émotionnelle, une véritable émotion n'avait pas lieu d'être.

L'émotion serait donc composée d'au moins deux *choses* : une activation physiologique qu'indifféremment nous nommerons *arousal*, et d'une évaluation de la situation que nous pouvons nommer *appraisal*. C'est du moins de cette façon que Schachter et Singer interprètent, entre autres, les résultats de Maranon. Ainsi, dans cette logique, un *arousal*, indifférencié, pourrait sans doute provoquer des émotions de valeur bien différente ou pas d'émotion du tout, en fonction des éléments disponibles dans l'environnement qui servent à son explication, qui lui attribuent une causalité. Pour prouver cela, en 1962, Schachter et Singer mèneront une expérience qui depuis fait référence.

Ils annonçaient aux sujets de leur étude qu'ils étaient présents pour tester les effets d'une vitamine sur la vision, mais l'injection qui était faite, plutôt que de contenir de la vitamine, contenait soit une solution saline, sans effet sur l'éveil physiologique, soit de l'épinéphrine, dont les effets sur la physiologie sont proches de ceux de l'adrénaline. De plus, les sujets ayant reçu la solution saline savaient que l'injection n'aurait aucun effet sur eux, alors qu'aux autres, différentes informations étaient données : pour un premier groupe, la vérité sur les conséquences était dite, pour un second des conséquences fantaisistes étaient annoncées (pieds engourdis, etc.), pour le dernier rien n'était prédit.

Les sujets attendaient alors chacun séparément dans une pièce que la soi-disant expérience sur la vision commence. Dans cette pièce, un compère des expérimentateurs rendait l'ambiance *émotionnelle*. Dans une condition, il faisait le fou, jetait des boulettes de papier dans une corbeille comme durant un match de basket, faisait voler des avions en papier, riait, etc. Dans une autre condition, sous prétexte d'un questionnaire trop choquant qu'ils devaient remplir, il s'emportait, mimait la colère, déchirait les feuilles du questionnaire et disait qu'il allait partir.

L'hypothèse de Schachter et Singer est que les sujets sous placebo ne devaient ressentir aucune émotion due au compère, ainsi que les sujets sous épinéphrine qui avaient eu une bonne description des conséquences : sachant ce qu'ils devaient ressentir, ils n'allaient pas rechercher de cause à ce ressenti ailleurs que dans l'injection. Par contre, les sujets n'ayant pas eu la bonne information sur les conséquences physiologiques de l'injection devaient se laisser berner : pour expliquer leur ressenti, ils allaient lui chercher une cause dans l'environnement et trouveraient le compère.

D'une manière générale, les sujets ont réagi comme attendu. Ceux qui ont reçu l'injection d'épinéphrine et qui n'ont pas eu les bonnes informations ont adopté en partie le style émotionnel du compère. Ceux qui ont eu les bonnes informations sur les effets de l'injection n'ont pas montré de signe d'émotion particulier et n'ont pas dit en ressentir.

En détail, les résultats sont beaucoup plus flous, ce qui vaudra aux deux chercheurs de vives critiques par bien d'autres auteurs. En particulier des sujets du groupe placebo, donc non éveillés physiologiquement, se sont laissés emporter par la situation émotionnelle et pas toujours dans le sens attendu. Il faut toutefois remarquer qu'un compère jouant au basket avec la corbeille à papier et bougeant dans tous les sens peut devenir énervant sans qu'il n'y ait eu d'injection de stimulant préalable.

Schachter et Singer pour répondre à leurs propres critiques réitéreront l'expérience avec deux variations. D'abord, ils remplaceront le compère par un même film de Jack Carson, normalement comique, ensuite ils créeront un troisième groupe de sujets dont ils s'assureront du non-éveil physiologique par l'injection d'une drogue inhibitrice, la chlorpromazine. L'idée est ici que l'émotion étant dépendante de l'éveil physiologique, les sujets sous chlorpromazine devaient moins rire, moins sourire, plus s'ennuyer que les autres ; les sujets sous placebo devaient un peu sourire, les autres devaient s'exalter. Les résultats de cette expérience iront en effet dans le sens escompté, même si les auteurs remarquent que certains sujets ne comprennent pas leurs réactions émotionnelles exagérées face au film. Par leurs études, Schachter et Singer nous enseignent donc une chose essentielle : que l'émotion fonctionne sur un dualisme activation physiologique/attribution cognitive.

Beaucoup d'expériences furent inspirées des principes de Schachter et Singer. Certaines qui depuis ont gagné leur lettre de noblesse s'intéressèrent à l'éveil physiologique naturel sans doute le plus commun, le plus fort, et le plus positif que connaisse l'homme : l'éveil sexuel. De ces expériences, beaucoup de principes sur liens *arousal-appraisal* furent établis.

2. Travaux « coquins »

Dans une expérience relativement connue, Vallins (1966) mis en évidence un effet qui désormais porte son nom. Sa question était de savoir s'il était nécessaire de connaître un véritable *arousal* pour éprouver des sensations-émotions d'ordre sexuel ou si la simple croyance de cet *arousal* suffisait. Il a demandé à des jeunes hommes de regarder des diapositives issues du magazine *Playboy* (pour qu'il n'y ait aucune ambiguïté, précisons que ces diapositives étaient tirées des pages centrales et non des reportages alibis du type pêche au gros en Nouvelle-Zélande). En même temps que les sujets *subissaient* cette épreuve, des écouteurs leur faisaient entendre leur propre rythme cardiaque... C'est du moins ce qui leur était dit car en fait de rythme cardiaque, ils entendaient un battement contrôlé par Vallins lui-même qui, au gré d'un hasard calculé, le faisait accélérer ou déccélérer. Par la suite, les sujets, à peine remis de l'épreuve, devaient classer les jeunes filles vues nues, en fonction de leur beauté et de l'attirance sexuelle qu'elles engendraient. Furent classées en premier celles pour lesquelles les diapositives étaient associées à un pseudo-rythme accéléré, puis celles associées à un rythme inférieur à la normale, enfin celles associées à un rythme stable.

La première interprétation est simple : pour comprendre pourquoi leur rythme cardiaque accélérait, les jeunes hommes ont regardé de plus près les jeunes filles, leur ont attribué certains charmes plus qu'aux autres, se sont peut-être imaginés des choses...

Des affinements de cette étude ont cependant montré que lorsque le pseudo-rythme augmentait, le véritable rythme cardiaque des sujets augmentait de même. Les sujets pouvaient donc réellement ressentir une modification physiologique. Il n'en est pas moins vrai que cette activation était provoquée et qu'elle engendrait certaines émotions par recherche de signification dans l'environnement.

Cet effet Vallins a aussi été étudié en proposant à des jeunes hommes des diapositives d'hommes nus et cette fois, sur la plupart, les activations physiologiques n'entraînent pas les effets de la première expérience. Ceci montre encore une fois l'importance du sens accordé à la scène. Pratiquement, nous pourrions aussi en déduire que pour séduire quelqu'un, il suffirait d'augmenter le rythme cardiaque de la personne à qui l'on souhaite plaire, sans qu'elle s'en aperçoive.

Joanne Cantor est aussi relativement connue pour des travaux sur ce côté osé des études concernant les émotions. En 1975, avec d'autres chercheurs, elle s'intéresse à l'activité sexuelle et aux attributions qui lui sont accordées en fonction du contexte.

Pour cela, elle proposait à ses sujets, encore des jeunes hommes, de faire quelques exercices sur un vélo, puis soit juste après, soit cinq minutes plus tard, de regarder *Nue sous le cuir*, un film à caractère nettement pornographique. Lorsque la vision du film à lieu juste après l'exercice, les pauvres sujets de cette expérience sont excités sexuellement, mais attribuent cet éveil physiologique plus au sport qu'au film. Si le film est vu cinq minutes après l'exercice, alors même que le sport est encore responsable d'une bonne part de l'activation physiologique ressentie par les sujets, ceux-ci attribuent plus leurs sensations au jeu talentueux et bluffant des actrices.

Cette expérience montre encore clairement le lien entre l'activation physiologique et les indices environnementaux pris en compte dans l'évaluation de ses causes, donc dans le fait de ressentir une émotion. Il est aussi très clair ici que nous sommes sujets à commettre des erreurs dans nos attributions.

Pratiquement, pour séduire un jeune homme, un second conseil serait de s'arranger pour le rencontrer cinq minutes après qu'il a fait du sport et de lui dévoiler quelques charmes à ce moment, en espérant qu'il attribue l'ensemble de son ressenti aux charmes et non à l'exercice. Habiter au seizième étage sans ascenseur et faire attendre son soupirant cinq minutes à la porte avant de lui ouvrir en tenue évocatrice serait donc une possibilité.

Il est courant d'associer aux deux précédentes études celle de Dutton et Aron, menée durant la même décennie. Leur désir était de montrer que les activations dues à une émotion particulière pouvaient être imputées à une tout autre émotion. Ils ont considéré pour cela la peur d'une part, et l'attirance d'autre part. Pour provoquer la peur, Dutton et Aron proposèrent à leurs sujets, toujours de jeunes hommes, d'être interviewés sur un pont suspendu à soixante-dix mètres au-dessus de rapides, pont qui bien évidemment se balançait sans cesse. Une condition sans peur proposait à d'autres jeunes hommes d'être interviewés sur un pont bien fixe et bien solide enjambant un fossé à moins de cinq mètres de hauteur. Pour suggérer que les activations pouvaient être imputables à de l'attirance, ils faisaient interviewer les sujets soit par un homme, soit par une femme dont les avantages n'avaient même pas besoin d'être mis en avant pour que chez eux bon nombre d'idées se forment. La tâche des sujets était d'inventer une histoire en regardant une photo assez banale. La jeune femme, de plus, s'arrangeait pour laisser son numéro de téléphone au sujet.

C'est dans la condition d'interview réalisée par la jeune femme sur le pont suspendu que le plus d'histoires à connotations sexuelles furent inventées. Ce sont aussi les sujets qui se retrouvèrent dans cette situation qui par la suite rappelèrent le plus la jeune femme.

L'interprétation de Dutton et Aron est que l'*arousal* dû à la peur a été interprété comme dû aux charmes de la demoiselle. Mais il est aussi possible de penser que ces hommes se sont plus intéressés à elle parce qu'elle les détournait justement du sentiment de peur, ou parce qu'ils l'ont jugé assez téméraire pour accepter facilement un rendez-vous et…

Si l'interprétation n'est pas des plus claires, il reste tout de même au niveau pratique l'idée que des activations peuvent être interprétées en fonction d'éléments de l'environnement qui n'en sont pas responsables, que des causes émotionnelles pourraient être confondues. Ainsi, une fois encore, pour séduire un jeune homme, un rendez-vous sur un pont suspendu ou dans une autre situation génératrice de peur peut aider le destin.

3. *Arousal* et *appraisal*

L'idée dualiste de l'émotion repose sur deux notions essentielles, logiques et quasiment indissociables : l'activation physiologique et l'évaluation cognitive. Chacune de ces notions charrie son lot de questionnements et de problèmes.

- **L'activation**

Pour ce qui est de l'activation, ou *arousal*, les réflexions se portent sur deux points : d'où vient cette activation ? Est-elle la même pour tout stimulus, pour toute situation émotionnelle ?

Pour répondre à la première question, nous ne pouvons nous référer qu'à quelques positions théoriques. Mandler parle d'événements venant interrompre un plan d'actions tendant vers un but, James, Cannon et bien d'autres évoquent une prise de conscience d'un danger, d'un changement de situation. Les expériences précédentes illustrent toutefois clairement le fait que l'activation qui sera source d'une émotion peut être provoquée par un événement à la base sans contenu significativement émotionnel, voire par une simple injection de substance. Au total, il sera admis, et ce n'est pas une boutade, que l'*arousal* peut être provoqué par tout ce qui est susceptible d'engendrer un *arousal*. Il existerait de nombreux stimuli provoquant des activations physiologiques, même minimes, et sans doute que nous évaluerions chacune de ces activations, mais comme beaucoup n'entreraient pas dans le cadre d'une réaction émotionnelle, nous n'en aurions peut-être jamais conscience.

Mais il ne peut être dénié que nous avons aussi conscience de nombreuses activations physiologiques qui ne sont pas associées à des émotions, comme nous n'avons pas obligatoirement conscience des *arousals* antécédents à nos réactions émotionnelles. Dans certaines situations, il peut même sembler que l'*arousal* vienne après l'évaluation cognitive elle-même, qui en serait la source. Il s'agit, par exemple, de la peur que l'on peut ressentir après avoir compris que depuis dix minutes nous touchions des fils électriques en ayant oublié de couper le courant. L'évaluation du danger vient bien avant les frissons qui parcourent la colonne vertébrale et bien après la situation dangereuse elle-même.

Savoir si une même activation peut être interprétée de différente façon ou si l'*arousal* reste indifférencié quelle que soit l'émotion, peut reposer sur des constatations plus expérimentales.

S'il est évident que lorsque nous sommes tristes, nos réactions physiologiques ne sont pas les mêmes que lorsque nous sommes en colère, car des larmes coulent dans un cas et un cœur s'emballe dans l'autre, il est toutefois possible de penser que ces émotions avant évaluations cognitives pourraient avoir un même *arousal*. C'est ce que suggèrent Schachter et Singer ou encore Cantor dans leurs hypothèses et leurs expériences. Cependant, les preuves empiriques restent contradictoires à ce niveau et sujettes à discussion. Levi dans les années 1970, par exemple, s'est intéressé aux sécrétions d'adrénaline et de noradrénaline dans certaines situations émotionnelles. Pour cela, il mesura le flux de ces hormones chez des sujets visionnant des films à différents contenus émotionnels (comédie, colère, horreur) ou un film neutre de ce point de vue. Les émotions suscitées par chaque film étaient bien différentes et clairement identifiées. Pour chaque film, le taux d'adrénaline est monté, sauf pour le film neutre. Les taux de noradrénaline entraînent des résultats plus particuliers, avec une diminution pendant le film d'horreur et aucune différence pour le film de la colère par exemple, mais ne permettant de distinguer réellement les émotions sur cette base.

A contrario, Lazarus suppose que les émotions doivent pouvoir se différencier sur la base d'activations physiologiques différentes, mais il serait nécessaire ici de savoir à quel moment elles vont se différencier du point de vue physiologique, avant ou après l'*appraisal*.

Bradley, Lang et Cuthbert ont pu montrer en 1993 que des variations physiologiques peuvent être corrélées avec l'orientation générale des stimuli sur un axe plaisant/déplaisant. Ils réalisaient différents essais de présentation visuelle de diapositives pour pouvoir prendre en compte les effets de nouveauté et de surprise et mesuraient quatre indices : l'électromyographe du muscle sourciller, la réponse électrodermale, la fréquence cardiaque et le *Startle Reflex* qui se compose de diverses réactions involontaires d'ordres musculaires, squelettiques, viscérales et hormonales enregistrées d'ordinaire à la présentation soudaine de stimuli inattendus. Sur chacun des indices, des différences apparaissent en fonction du caractère plaisant ou déplaisant du stimulus présenté, toutefois l'habituation à l'épreuve réduit ces effets. De plus, les patterns émotionnels paraissent plus clairs pour les stimuli négatifs, indice du fait que ces stimuli connaissent très vite une analyse cognitive leur donnant une valeur émotionnelle.

Quels que soient ces résultats, qu'ils étayent ou non la thèse d'un *arousal* indifférencié pour l'ensemble des émotions, il restera toujours en suspens un obstacle à leur interprétation : comment savoir et être sûr que ce que l'on mesure est l'*arousal* physiologique primaire, celui qui peut être interprété émotionnellement ? Comme les évaluations émotionnelles sont pour ainsi dire instantanées, cerner le moment où leur influence n'existe pas encore semble assez hasardeux.

• L'évaluation

Pour ce qui est de l'*appraisal*, de l'évaluation cognitive faite de la situation, il a déjà été question de certains principes fondamentaux qui le régiraient. D'abord il est activé par un signal, ensuite il est dépendant de caractéristiques de l'environnement, des informations émotionnellement signifiantes qui le composent. Il est tout aussi logique de penser que les caractéristiques d'un individu, ses croyances, ses opinions, ses expériences, son état de santé, ont aussi une large influence sur l'interprétation de l'éveil physiologique. C'est pour ces raisons que deux individus dans la même situation ne ressentent pas obligatoirement la même émotion comme un même individu, mais à deux moments différents. La prise en compte de ces variables est largement utilisée dans le modèle émotionnel sans doute le plus référencé aujourd'hui : celui de Lazarus.

4. Le modèle de Lazarus

• Principes

La théorie que Lazarus développa à partir des années 1960 prend en compte l'ensemble des travaux et des résultats précédemment évoqués, et tente de leur donner une explication écologique cohérente. L'auteur que l'on connaît pour ses travaux concernant le stress, se situe clairement dans le cadre des théories de *l'évaluation cognitive*, pour lesquelles l'émotion est considérée comme une réponse à un processus cognitif préalable. Sa position reste, de plus, fondamentalement psycho-évolutionniste : les réflexes sensori-moteurs, les réactions physiologiques et les émotions sont des ressources adaptatives fondamentales de tous les animaux, avec au fil de l'évolution phylogénétique moins de dépendance vers les réflexes innés, mais plus de dépendance vers les émotions.

Lazarus a posé formellement que l'émotion est une réponse spécifique, cognitive et physiologique, aux contingences de l'environnement et non plus un stimulus.

La position de Lazarus pourrait être résumée ainsi : il existe des interrelations structurées temporellement entre un événement (un certain état de l'environnement), des cognitions (des évaluations et réévaluations faites sur les demandes de l'environnement et les ressources disponibles pour y répondre) et une réponse émotionnelle. Il est admis dans cette théorie qu'au moins deux évaluations cognitives sont mises en jeu dans l'interprétation émotionnelle des situations qui prendront tout simplement pour nom évaluations *primaire* et *secondaire*. Toutefois, il ne faut pas voir dans ces appellations une continuité temporelle. L'une des évaluations est primaire non parce qu'elle arrive nécessairement en première position, mais parce qu'elle définit le ressenti global d'une émotion (positive ou négative selon la personne) ; l'évaluation secondaire prenant en compte les ressources de l'individu face à cette situation définit les émotions spécifiques à expérimenter en fonction de la signification et des conséquences personnelles de ce qui se passe.

Le processus cognitif préalable à toute émotion connaît donc deux catégories de facteurs déterminants : les facteurs situationnels, qui composent l'environnement, et les facteurs dispositionnels de l'individu, c'est-à-dire ses croyances, ses attitudes et ses traits de personnalité. Lazarus insiste sur ces caractéristiques intrinsèques des individus qui déterminent leurs motivations. Motivations qui expliquent pour un individu particulier, que telle ou telle situation sera un challenge adaptatif signifiant, donc selon l'issue, une source de torts ou de bénéfices, donc une source d'émotion. Pour chaque émotion négative, il y aurait l'évaluation d'un tort spécifique, et pour chaque émotion positive l'évaluation d'un bénéfice. Ainsi, l'évaluation de l'environnement est toujours personnelle, dépend toujours des dispositions de l'individu à l'instant même de l'événement.

En fait, environnement et individu sont en constante interaction durant tout le déroulement des processus menant à l'émotion. Les processus cognitifs d'évaluation, servant de lien entre l'événement et l'émotion, vont dépendre des caractéristiques phylogénétiques mais aussi ontogénétiques du sujet, et prendre en compte les expériences passées de l'individu, ses buts à court et long terme, mais aussi ses conditions sociales et ses ressources physiologiques. Encore une fois, l'émotion, précédée par des processus cognitifs, recouvre un certain caractère adaptatif, et pour Lazarus l'adaptation se fait surtout par rapport à l'environnement social.

- **Travaux**

À l'instar des travaux initiés par Schachter et Singer, Lazarus et ses collaborateurs, pour valider leur théorie, ont tenté de montrer que face à un même événement, selon les informations dont dispose un individu pour réaliser ses évaluations cognitives, les réponses émotionnelles seront différentes. Les auteurs parlent alors de techniques pour *court-circuiter* les évaluations des sujets, l'installation d'un stress, de l'émotion. Ceci même si d'autres auteurs s'opposent à cette conception de l'émotion permettant un court-circuitage en affirmant qu'une émotion a lieu ou n'a pas lieu, et qu'il n'est pas question d'étapes intermédiaires distinctes et dissociables.

Les procédures des études de Lazarus étaient relativement simples : montrer un même film ayant pour but de provoquer une émotion, à savoir du stress ou de l'anxiété, mais en modifiant certaines informations liées à ce film, puis évaluer le ressenti des sujets. Les films utilisés avaient donc un caractère traumatisant : un accident violent et mortel sur un chantier, ou encore un petit garçon d'une tribu de l'âge de pierre se faisant circoncire à l'aide d'un morceau de bois. Les commentaires allant avec ces films peuvent en faire ressortir l'aspect traumatisant en évoquant l'horreur des scènes, mais peuvent aussi atténuer cet impact en rappelant que les ouvriers du chantier sont des acteurs ou encore en présentant l'intérêt intellectuel d'un documentaire anthropologique. Les effets sont ceux escomptés : des commentaires réduisant l'aspect traumatisant des films réduisent en même temps l'anxiété ressentie.

Il est ici possible de comprendre comment un même événement n'entraînera pas les mêmes conséquences chez deux individus différents, mais aussi comment les particularités intrinsèques des sujets entrent en jeu : un anthropologue ou un acteur ont d'entrée un regard particulier sur les films. Il resterait toutefois important de pouvoir expliquer comment un film vu avec deux commentaires différents peut constituer un même événement.

• Stress et coping

Dans le même type d'expériences, Lazarus note *à chaud* les commentaires des sujets et réussit à les regrouper selon différentes catégories correspondant à ce qu'il est possible d'appeler des styles cognitifs d'affrontement. Il s'agit, pour ces styles cognitifs, d'apporter à chacun de nous une solution permettant de faire face *mentalement* au caractère stressant de la situation. Lazarus repère par exemple trois styles bien distincts :

– *la submersion ou l'envahissement* : les sujets l'utilisant font le choix d'accepter pleinement leur émotion et leurs sensations, et ont des commentaires de type « c'est dégoûtant » ou « cela m'a fait mal à l'estomac » ;

– *le détachement intellectuel* : pour faire face à la situation, certains font le choix de l'intellectualiser, lui faisant perdre d'emblée une partie de son pouvoir stressant, comme le fait de présenter le film de la circoncision comme une étude anthropologique. Ces sujets ont pour commentaires « c'est une étude intéressante » ou « j'ai appris beaucoup de choses » ;

– *la négation des réactions de stress* : au contraire de la submersion, pour faire face à leur émotion, somme toute désagréable, ces sujets la nient en affirmant, par exemple, « je ne me suis pas ennuyé une seule seconde ».

À la sortie d'un film d'horreur réussi, les commentaires seront toujours les mêmes ; celui qui a fermé les yeux à chaque fois que la musique devenait angoissante affirmera qu'il a trouvé certains passages très amusants ; celle qui a hurlé au moment où le chat a renversé le couvercle d'une poubelle, ne s'intéressera qu'aux cheveux de l'héroïne qu'elle a trouvés mal coiffés.

Mais les solutions pour faire face à ces sensations désagréables ne sont pas que *cognitives*, ils en existent aussi des plus *comportementales*. Ainsi, pendant le film d'horreur, il y a celui qui fait tomber un bonbon au moment où l'action devient trop difficile pour lui, ou celle qui, juste avant que la tronçonneuse ne coupe une nouvelle tête, se tourne vers son compagnon et s'exclame : « Et sinon, t'as eu des nouvelles de ton frère aujourd'hui ? » Même si nous cherchons à vivre certaines émotions, elles sont assez désagréables que nous mettions en place des stratégies nous aidant à les supporter. Ce ne serait pas en soi un paradoxe de plus, mais sans doute le reflet du fait que les événements émotionnels sont très complexes et composées de diverses émotions dépendantes les unes des autres, activées les unes par les autres et ne se succédant que dans un ordre précis. Il peut être très agréable de faire la queue au guichet du cinéma en se disant : « Oui, je vais aller voir ce film ! », c'est se surpasser, c'est ressentir un peu d'excitation, une certaine peur qui nous fait du bien. Par contre, voir les monstres et autres psychopathes se délecter de corps ensanglantés n'est pas obligatoirement ce que nous aimons le plus et nous répugnons pour la plupart à vivre cette nouvelle émotion. Seulement, ce n'est que parce que l'on sait que cette seconde émotion aura lieu que nous ressentons la première, et même que nous en ressentirons d'autres quand le lendemain, nous dirons fièrement : « Je suis allé voir le dernier film d'horreur hier soir… Oui, il était pas mal, mais j'ai déjà vu plus gore ! »

Lazarus formalisa cette idée, issue de ses observations, sous le terme de *coping* qui vient du verbe anglais *to cope*, c'est-à-dire « faire face ». Il définit cette notion comme l'ensemble des efforts cognitifs et comportementaux servant à gérer les demandes spécifiques internes et externes (et leurs conflits), qui mettent à l'épreuve et excédent les ressources d'une personne. Il s'agit de stratégies cognitives et comportementales qui vont permettre de surmonter les événements stressants.

Face au stress, les fonctions de base du coping seraient au nombre de trois :

– agir directement pour éliminer ou réduire la demande et/ou augmenter les ressources pour gérer cette demande ;

– gérer la tension qui est ressentie comme le résultat de l'expérience des demandes ;

– redéfinir les demandes pour les rendre plus gérables.

Folkman et Lazarus, qui formalisèrent pleinement le concept dans les années 1980, décrivent diverses stratégies de coping et les regroupent en deux grandes classes : celles qui se centrent sur le problème et celles qui se centrent sur l'émotion. L'idée étant que pour réduire les tensions qui naissent de la situation de déséquilibre et qui s'expriment par de l'émotion, il est possible d'agir soit directement sur la situation, ce qui entraînera une disparition de l'émotion, soit sur l'émotion, mais il faudra alors, d'une manière ou d'une autre, accepter que la situation reste inchangée.

Les stratégies centrées sur le problème, selon divers auteurs, comprendraient des actions comme « la recherche d'information », « la recherche de support social », « l'évitement des situations stressantes », « l'essai d'agir dans d'autres voies », etc. Les stratégies centrées sur l'émotion incluraient « la recherche de ce qui est positif », « la confiance totale dans l'action des autres », « les stratégies pour ne pas se faire de souci », etc.

Selon les études, il sera recensé de nombreuses stratégies, jusqu'à soixante-sept pour certains dont encore « la résolution de problème », « la fuite », « le partage social des émotions », « l'évolution personnelle », « le déni », « l'investissement », « la prise de substance », etc.

Cette notion de stratégies de coping a ouvert la voie à des études considérant les émotions d'un point de vue différent. Il n'est plus question de décrire les réactions émotionnelles par les événements auxquels les sujets sont exposés, ni même par la mesure de réactions physiologiques, mais uniquement par la façon dont ils vont gérer les situations.

• **Implications pathologiques**

Le modèle de Lazarus et le concept de coping permettent de comprendre le fonctionnement pathologique des émotions, ou tout du moins leur *illogisme*, sur deux plans. D'abord, même si les comportements sont mis en place pour faire face aux exigences de l'environnement, il se peut qu'ils ne soient pas toujours les plus adaptés aux spécificités de la situation. À des moments différents, mais pour une même cause, un individu utilisera des stratégies de coping différentes en fonction des fluctuations de variables dispositionnelles. Toutes ces stratégies ne peuvent pas avoir le même pouvoir adaptatif face aux particularités de la situation. En conséquence, les modes de coping que nous utilisons sont parfois inefficaces : nous affrontons le lion, alors qu'il aurait fallu l'éviter, nous évitons les objets de nos phobies alors qu'il faudrait les affronter. Et il y aura toujours un spécialiste pour nous dire qu'il ne fallait pas frapper le serpent.

Le plan physiologique est aussi important si l'on veut lier la pathologie à ce modèle. Que les stratégies soient adaptées ou non à la situation, certaines demandent bien plus d'efforts que d'autres. Rechercher de l'aide, du support social, chez des amis est sans doute moins coûteux, du moins pour celui qui ne paie pas le verre, que d'éviter les situations stressantes ; solution qui demande un effort d'anticipation constant. De plus, il est question dans l'évaluation cognitive émotionnelle des ressources que l'individu a à sa disposition pour faire face. Or, à chaque fois que l'on fait face, on réduit ces ressources. Trop de stress épuise l'individu et sans ressources, il ne peut plus faire face. Il est possible de reconnaître ici le fonctionnement du syndrome général d'adaptation de Selye décrit plus tôt.

Il faut aussi considérer que si nous sommes capables d'apprendre toutes les stratégies de coping existantes, en réalité nous n'en utilisons que quelques-unes. Comme de nombreux auteurs l'ont observé, notre répertoire de réactions est relativement restreint, chacun de nous n'utilise qu'au plus, trois ou quatre stratégies de manière régulière. Cette restriction est générée par de nombreuses variables, tant au niveau environnemental comme les modèles disponibles à l'imitation qui influencent nos acquisitions, qu'au niveau physiologique même. En 1995, par exemple, Grant et Compas ou Plancherel et Bolognini ont su montrer que les jeunes filles s'investissent plus dans les relations sociales et expriment plus leurs sentiments négatifs, et les garçons préfèrent oublier les problèmes par des hobbies comme le sport.

Il est souvent associé à cette réflexion sur les stratégies de coping que certaines pourraient être directement la cause de développements pathologiques comme ceux de l'anxiété ou de la dépression. Si lors du décès de quelqu'un qui m'était cher, je cherche à gérer ma tristesse en me rapprochant de personnes qui ressentent la tristesse que je ressens, je ne sécherai pas rapidement mes larmes. Si pour gérer sa peur des chiens, un individu prend l'habitude de les éviter, il va prévoir des parcours qui lui permettront d'éviter tous les lieux où il risque de rencontrer des chiens, il adopte alors des comportements qui sont des symptômes mêmes du trouble obsessionnel compulsif et des troubles liés à l'anxiété de manière générale.

V. MODÈLES PATHOLOGIQUES

1. Le modèle de Barlow

Dans le modèle de Lazarus, il est une fois de plus clairement avancé que l'émotion n'est pas pathologique en soit, mais que les comportements qui y sont associés peuvent être inadaptés. Ainsi, toute émotion peut entraîner sur la pente plus ou moins douce qui mène à la maladie. Par contre, dans le modèle que Barlow développa dans les années 1980, certaines émotions ont en fait un statut particulier par rapport à la pathologie, car le fait même de les vivre provoque le trouble et l'utilisation de stratégies de coping inadaptées... Le problème est que ces émotions n'ont pas réellement de nom, et ne les ayant pas toutes expérimentées, nous serions encore plus en peine de les décrire.

Il faut imaginer que l'être humain a connu, au fil de son évolution, de nombreuses émotions utiles, pour un temps, à son adaptation et à la survie de son espèce. Ces émotions, qui en quelque sorte restent inscrites dans nos gènes, n'ont plus lieu d'émerger aujourd'hui alors que nous ne connaissons plus d'autres prédateurs que nous-mêmes et que nous avons fait fuir quelques-uns de nos fantômes en domestiquant le feu et la lumière. Mais ces émotions sont bien là, enfouies en nous, susceptibles de resurgir, et un jour, lors d'un événement particulier, elles pourraient nous envahir. Nous serions alors en proie à un ressenti, une manifestation interne qui nous paraîtrait étrangère, que nous ne contrôlerions pas, qui sans aucun doute serait très désagréable et qui nous pousserait à certains comportements qui lui sont associés de par sa valeur adaptative primitive. Notre ressenti ne durerait pas obligatoirement longtemps, mais une fois calmés, nous aurions à gérer le fait même de l'avoir connu.

Les vulnérabilités physiologiques et psychologiques de chacun seraient alors primordiales. Ceux d'entre nous les moins vulnérables s'adapteraient à la situation et pourraient même oublier l'événement. Pour les plus vulnérables, ces ressentis émotionnels et les manifestations somatiques qui leur sont associées, vont devenir le point de focalisation de l'attention. Un facteur de stress spécifique fera surface : l'idée même de revivre un tel événement. Il s'agit alors de l'installation d'une anxiété dont l'objet est une émotion mal vécue et non contrôlée ; un objet comme tout autre objet anxiogène, considéré comme menaçant parce qu'il a su mettre l'individu face à son incapacité à faire face à la situation de manière adéquate.

Barlow précise que dans de telles situations, c'est essentiellement le sentiment de danger et le manque de contrôle sur l'extérieur et sur soi-même qui sont stressants et générateurs d'anxiété. Aussi, lorsque les situations ont cessé, le but de toutes stratégies comportementales d'un individu sera de tout mettre en œuvre pour ne pas connaître à nouveau des émotions et des pertes de contrôle semblables. L'individu reste constamment stressé, sur le qui-vive, car même s'il ne comprend pas ce qu'il a vécu, il ne veut pas le revivre. Des stratégies de coping d'évitement des situations pouvant de nouveau entraîner ces émotions inconnues seront alors mises en place. L'expérience de cette perte de contrôle sera une menace et tout sera fait dorénavant pour l'anticiper. Les pensées conséquentes ressembleront à : « Cette chose terrible pourrait se renouveler, et peut-être qu'encore une fois je ne serai pas capable d'y faire face, je dois pourtant essayer, et je dois tout faire pour être prêt. » L'individu est alors devenu anxieux par le fait d'avoir vécu une autre émotion, mais aussi par le fait d'utiliser des stratégies d'ajustement elles-mêmes anxiogènes.

Barlow souligne aussi que le vécu antérieur d'événements stressants est important, car source de vulnérabilité. Il parle d'expériences précoces de situations stressantes avec des pertes de contrôle de l'environnement qui mènent à des terrains favorables pour l'anxiété. Il insiste sur le fait que les vulnérabilités viennent de l'accumulation d'événements stressants. Cette accumulation pourrait être un facteur favorisant l'émergence des émotions sans nom, mais pourrait aussi, petit à petit, amener l'individu à vivre toute nouvelle situation où il se sent dépassé par des affects négatifs, comme particulièrement traumatisante.

Les cas réellement pathologiques qui se rapporteraient le plus à ce modèle, ou tout du moins qui l'illustreraient le mieux, seraient ceux du stress post-traumatique et des attaques de panique. Le stress post-traumatique est en effet la résultante même du fait de vivre un événement que l'on ne vit pas dans une vie ordinaire et qui peut donc être accompagnée de réactions émotionnelles extraordinaires. L'attaque de panique est une émotion que nous ne sommes pas, non plus, censés connaître dans la vie quotidienne et qui se caractérise par une sensation de perte de contrôle sur soi-même et sur l'environnement, une impression que tout peut s'arrêter là, sans autre forme de procès. Dans ces deux cas, l'attitude de l'individu devient pathologique car il met en place des stratégies d'évitement des situations susceptibles de générer de nouveau les émotions ressenties lors de la première expérience traumatisante. Mais comme bien souvent, l'anxiété générée par l'appréhension d'une situation provoque l'utilisation de comportements qui n'ont pas d'effet réel et qui plus encore, sont eux-mêmes générateurs d'anxiété.

2. Le modèle de Beck

- **Prémices**

En psychologie, l'intérêt pour la notion de *schémas* prend son essor dans les travaux que Bartlett mena à partir des années 1910 et dont il fit la synthèse en 1932. Dans une célèbre expérience, il propose un conte issu du folklore des Indiens d'Amérique, *La Guerre des fantômes*, à des sujets britanniques, étudiants de Cambridge, et leur demande des rappels à différents intervalles. Il remarque que les sujets remanient le conte à leur convenance, rétablissent dans l'histoire leurs propres liens de causalité entre les informations, par omissions, altérations de la signification et occasionnellement par additions. Il recense différents modes dynamiques de changement dans le rappel comme les processus de résumé, les transformations vers ce qui est familier, les inférences… autant de phénomènes qui pourront être repris pour les études dans les différents domaines de la psychologie et en particulier en psychopathologie cognitive. Il observe encore que plus les rappels sont nombreux, plus le conte ressemble à un conte issu du folklore anglais. Il suppose alors qu'il existe *quelque chose* de cohérent qui guide ces transformations et il appelle cette chose le *schéma culturel anglais*.

L'ensemble de ses études et de ses résultats fit dire à Bartlett que « pour un individu comme pour un groupe, le passé est sans cesse remanié, reconstruit, en fonction des intérêts immédiats ». L'idée est que ce processus de réécriture qui concerne les souvenirs d'un conte folklorique, mais aussi ceux de notre propre histoire, des événements de notre enfance et bien entendu des événements émotionnels doit être ainsi considéré comme normal et sain : remanier le passé permet une meilleure adaptation aux changements personnels.

Nous pourrions dire que Bartlett parla alors des schémas, comme de structures cognitives abstraites qui se forment par diverses confrontations avec l'environnement, et qui ont pour caractéristiques d'organiser les informations selon des modes et des groupements spécifiques. Ces schémas, interfaces entre l'environnement et le sujet, expliquent pour lui, la recherche de cohérence entre les informations proposées et la structure, c'est-à-dire le contenu du schéma lui-même. La cohérence est reflétée par la facilitation du souvenir. Bartlett pose quelques principes tels que l'inconscience des schémas et de leur influence sur l'ensemble des comportements, leur création durant la vie autour d'images, de sensations, d'idées... Il n'y a alors qu'un pas pour parler d'émotions. Pas que Beck fera allégrement.

- **Généralités**

Beck, depuis les années 1970, a développé sa conception des émotions à partir d'une idée se rapprochant du modèle d'évaluation cognitive de Lazarus et du modèle phylogénétique de Plutchik. Il conçoit l'émotion comme la résultante de structures cognitives, mémorielles, qui s'expriment au travers de tendances d'actions comme la fuite, l'attaque, l'évitement, l'approche, etc. Ces tendances d'actions peuvent être vues comme issues de notre patrimoine phylogénétique, et les structures cognitives comme reflétant nos élaborations ontogénétiques.

Beck parle d'ailleurs dans sa théorie des tendances d'actions comme des processus de la personnalité qui opèrent dans un but d'adaptation. Il donne l'exemple de divers patterns comportementaux qu'il décrit comme des traits de la personnalité ou tout au moins des dispositions d'un individu. Ces patterns représentent les stratégies interpersonnelles développées à partir d'une interaction entre les dispositions innées et les influences environnementales.

Dans ce modèle de Beck, les différentes structures cognitives liées aux émotions se situent en mémoire et sont nommées *schémas*. Ce sont à la fois des structures et des processus qui, lorsqu'ils sont actifs, canalisent l'attention et interviennent comme des filtres cognitifs tout au long du traitement de l'information. Cette canalisation de l'attention, par un phénomène de *d'abstraction sélective*, c'est-à-dire de non-attention vers d'autres objets, se fait vers un sous-ensemble d'informations disponibles qui représente les éléments que l'individu suppose comme étant les plus importants.

Les schémas contiennent aussi des règles de production et de transformation des informations qui seront actives en mémoire à court terme. Ces croyances ou suppositions non réalistes en relation avec la situation peuvent produire des erreurs idiosyncrasiques dans l'évaluation de la situation elle-même. Des exemples de ces règles individuelles seraient : « Toute situation étrange doit être vue comme dangereuse » ; « Il est toujours meilleur de supposer le pire » ; « Ils vont attaquer au moindre signe de faiblesse » ; ou encore : « Une situation ou une personne est dangereuse jusqu'à ce que le contraire soit prouvé. »

Ces règles, qui génèrent les émotions parce qu'elles entrent dans le processus d'évaluation cognitive, sont vues comme la traduction, pour un individu, de la structure des schémas d'un niveau plus profond, en événements cognitifs. Et ces événements cognitifs, produits du traitement de l'information dirigé par les schémas, en dernières instances, sont les réponses émotionnelles d'un individu tant au niveau de ses pensées, de son ressenti, que de ses comportements moteurs effectifs. Les émotions sont donc la traduction d'une situation par le filtre d'un schéma. Par le biais des schémas une situation peut être estimée comme une perte et provoquer alors la tristesse, comme un gain et provoquer la joie, ou encore comme un danger et provoquer l'anxiété.

Dans ce système d'évaluation cognitive qui concerne essentiellement des émotions négatives, trois étapes se succéderaient :

– d'abord il y aurait une reconnaissance automatique et très rapide des informations signifiantes pour l'organisme, essentiellement des informations relatives à la menace. Cette reconnaissance rapide, involontaire et inconsciente viendrait de conditions de survie ;

– ensuite, l'identification des stimuli comme négatifs (ou positifs) entraînerait l'activation de schémas intercorrélés, contenant des patterns *bio-cognitivo-affectivo-comportementaux* construits pour assumer des objectifs tels que la survivance, la sécurité, la procréation et la sociabilité ;

– enfin, une élaboration secondaire, toujours involontaire mais guidée par des schémas moins archaïques, déterminerait la signification personnelle de la situation, lui donnerait une valeur émotionnelle et activerait les modes de coping disponibles pour la gérer.

Dans cette perspective, les schémas sont avant tout émotionnels, car les émotions sont les points centraux des structures schématiques en mémoire. C'est en relation avec des émotions spécifiques que se développent certains comportements, certaines stratégies d'ajustement, certaines réponses physiologiques – ensemble qui formera le ressenti.

À noter que cette notion de schémas s'est développée parallèlement dans d'autres domaines que la pathologie, comme la psychologie sociale ou la psychologie générale. D'autres auteurs que Beck envisagent donc diverses sortes de schémas comme des schémas de soi, des schémas culturels, des schémas de genre, etc. Cependant tous imaginent le même type de fonctionnement schématique sur ce qu'il est possible d'appeler des prototypes : le propre de l'action d'un schéma est la recherche d'une cohérence entre les informations disponibles et la structure même du schéma. Quel que soit le type de schéma envisagé, l'émotion y a sa place.

• **Les schémas émotionnels**

Pour situer la place de l'émotion dans son modèle, Beck propose que la formation de structures de stockage des informations en mémoire à long terme soit guidée par la valeur émotionnelle desdites informations. En résultent des schémas mémoriels qui une fois activés, guideront les processus cognitifs d'un individu dans une situation donnée en fonction de l'émotion ressentie.

Il faut donc voir les schémas comme possédant une architecture en mémoire, mais bien sûr, ils sont influents dans toute la chaîne de traitement de l'information, de la sélection des stimuli dans l'environnement, aux réponses émotionnelles, comportementales et physiologiques, en passant par le codage et le stockage. Ce sont des *structures de connaissances et de savoirs* en mémoire à long terme qui se sont construites par intégrations successives d'expériences et qui contiennent les informations de références sur soi-même et sur le monde, avec comme point commun des informations qui se regroupent, des émotions qui leur sont liées. Il est possible d'y reconnaître l'idée des réseaux sémantico-associatifs que Bower a développée, et les auteurs ne s'en cachent d'ailleurs pas ; l'association des deux modèles donnant un pouvoir explicatif plus important à l'un comme à l'autre.

Les schémas sont donc présentés comme des structures cognitives qui organisent le comportement en fonction des émotions. Ils contiennent des croyances et des règles, qui vont déterminer les pensées d'un individu et ses affects. Les pensées automatiques souvent symptômes de troubles de la personnalité seraient un bon exemple du *pouvoir* qu'ont les schémas sur le mode de raisonnement d'un sujet, sur la logique de ses actions lorsqu'il est ému.

Les schémas émotionnels, par leur importance en mémoire et dans les processus automatiques de traitement de l'information, sont aussi responsables de phénomènes de généralisation de l'expérience émotionnelle. Il est question ici du fait qu'un schéma peut guider les réponses émotionnelles et motrices face à de nombreuses situations, et ceci de manière inadaptée, pour peu qu'il ait pris au fil des expériences antécédentes une place prépondérante dans les processus de traitement de l'information d'un individu. Ainsi, cet individu, sous l'influence d'un schéma prépondérant, pourra répondre de manière automatique et inadéquate par la peur devant tout nouveau stimulus de l'environnement. Un autre individu pourra être constamment jaloux, dès qu'un événement concernera une personne précise de son entourage. Un dernier prendra tout événement *à la légère*, et passera aux yeux des autres pour insouciant et inconscient.

Sur le versant pathologique, il est facile d'imaginer comment de tels schémas vont être coûteux pour un individu en termes d'isolement, de dépendance, de relations avec autrui, comment ils vont générer des difficultés dans les milieux familiaux, scolaires, professionnels. Pourtant, ces schémas, fermement maintenus par des éléments comportementaux, cognitifs et affectifs, sont difficilement modifiables. La raison peut en être que, vivant avec eux, et par eux, depuis bien souvent des années, un individu semble s'en accommoder, et y trouver des bénéfices à court terme, comme ne pas s'investir dans des actions risquées, donc ne pas en supporter les conséquences.

Pour de telles organisations mnésiques, gênant fortement la vie courante d'un individu et de son entourage, différents auteurs nous parlent de *schémas pathologiques.* Et parmi ces schémas pathologiques, nous pouvons faire l'hypothèse comme Beck l'a faite, qu'il existe des schémas typiques de l'anxiété. *Des* schémas, et non pas *un* schéma, puisque chaque anxieux a développé un schéma dont la structure lui est propre, même si tous les schémas pathologiques anxieux possèdent un grand nombre de caractéristiques communes, qui permettent de les regrouper en une catégorie, et de les différencier des schémas pouvant expliquer d'autres troubles comme la dépression.

- **Exemple : les schémas anxieux**

Les schémas anxieux, tels que les ont décrits Beck et Freeman (1990), sont des structures mnésiques très stables, qui servent de filtres au traitement de l'information. Ils produisent des jugements biaisés, et conduisent les individus les possédant à commettre des erreurs d'évaluation dans les situations qu'ils rencontrent. Ces erreurs qui relèvent plus souvent de biais d'ordre attributionnel plutôt que de biais motivationnels, sont la source principale des affects et des conduites dysfonctionnelles chez l'adulte. En ce sens, les schémas sont une formalisation de ce qui semble être l'illogisme émotionnel, de la mise en œuvre des raisonnements spécifiques sous l'influence des émotions et en l'occurrence de l'anxiété.

Les stimuli de l'environnement sont donc évalués à travers ces schémas et acquièrent des caractères anxiogènes que bien souvent ils ne possèdent pas. Les schémas anxieux conduiraient à l'utilisation *d'heuristiques de jugement*, c'est-à-dire de méthodes permettant des jugements très rapides mais qui ne sauraient être fiables à 100 %, qui rendraient certaines informations plus accessibles en mémoire. Ainsi, une personne anxieuse revenant du marché avec un panier bien rempli pourrait sentir une certaine douleur normalement due à l'effort. Seulement, comme cette personne sait, ou croit savoir, que la douleur au bras gauche est associée aux crises cardiaques, elle évaluera son mal comme la preuve d'une maladie en dépit des preuves contraires fournies par maintes expériences d'exercices physiques entraînant des douleurs. Peut-être que cette sensation, cette crainte de la crise entraînera d'autres idées pessimistes, d'autres peurs, et aboutira au déclenchement d'une attaque de panique. Cette personne, à cause de ses raisonnements guidés par l'anxiété, connaît un processus cognitif donnant une validité accrue aux informations anxiogènes en mémoire du type *douleur au bras = crise cardiaque*, plutôt qu'à d'autres informations comme *panier lourd = douleur au bras*. Un stimulus jugé anxiogène entraînera alors encore plus d'anxiété. C'est de cette façon, par ce cercle vicieux, que les schémas anxieux évoluent chez un individu, deviennent de plus en plus rigides, et renforcent leur action négative en empêchant que des schémas *normaux* s'expriment.

L'extrapolation mène à l'idée qu'un individu anxieux, très rapidement, ne raisonne plus que par le biais de tels schémas et de leurs processus : il surestime sans cesse les menaces de son environnement et sous-estime toujours ses capacités à les affronter, comme une personne peureuse surestimera toujours la peur qu'elle va rencontrer dans une situation menaçante. Un biais attentionnel sélectif fera que cet individu traitera en priorité les stimuli relatifs à son anxiété, et un biais d'interprétation fera qu'il aura tendance à interpréter tout stimulus ambigu comme en relation avec son trouble.

Comme reflétant le schéma qui le domine, le discours de l'individu anxieux reflète une appréhension de l'avenir, de l'hésitation, et du doute. Il n'est pas rare de l'entendre parler de cette façon : « je suis terrorisé », « je vais être ridicule », « il faut que je m'en sorte »... Mais son comportement est aussi un reflet de cet ordre, il anticipe l'avenir d'une façon très précise par ses rituels, ses évitements, ses relations avec les autres. Ce trouble émotionnel se caractérise par cette anticipation de l'avenir, qui peut être une anticipation à court terme, lors d'un accès émotionnel, ou une anticipation à très long terme se portant sur des préoccupations de risque et de danger. Le sujet anxieux semble en fait avoir une énergie intellectuelle très forte dans ses anticipations, mais une énergie inhibée dans ses comportements, et ses autres élaborations cognitives.

- **Le développement de Young**

Dans les années 1990, Young, un élève de Beck, fait l'hypothèse que les premiers schémas, qu'il nomme schémas précoces, se constituent très tôt dans l'enfance par interaction avec l'environnement, et les personnes évoluant dans cet environnement. Dans cette interaction il conçoit que des facteurs génétiques aient un rôle important. Ces schémas précoces sont nécessaires au développement de l'enfant.

Comme dans la théorie de Beck, les schémas se construisent autour d'émotions. En premier lieu, ils comprennent des acquis permettant d'affronter les situations émotionnellement difficiles. Acquis venant essentiellement d'interactions avec les parents qui, comme ils le peuvent, apprennent à leurs enfants à affronter les situations pénibles de la vie. Seulement, ces stratégies acquises pour faire face aux événements émotionnels négatifs ne sont pas toujours adaptées sur le long terme. Cette inadaptation viendrait aussi du fait que certains événements, de l'ordre du drame familial, entraînent des émotions spécifiques pour lesquelles il n'existe pas réellement de solution adéquate. Ces schémas inadaptés connaissent, par la suite, des processus d'auto-renforcement, reposant essentiellement sur des expériences émotionnelles négatives, des comportements répétés d'échec, médiatisés par le traitement préférentiel des informations congruentes.

Il est supposé que de nombreux facteurs peuvent contribuer à la formation d'un schéma durant l'enfance. Il pourrait s'agir de l'influence d'un tempérament inné, de traits de caractère qui s'expriment sur différents axes : timidité-extraversion ; passivité-dynamisme ; restriction-intensité émotionnelle ; appréhension-intrépidité ; sensibilité-invulnérabilité. L'environnement social a aussi une grande importance car il est source de modèles émotionnels, ainsi que le bain culturel dans lequel il évolue puisqu'il est source de repères.

Pour Young, les schémas pourraient rester latents chez un individu, mais à l'âge adulte, un événement déclenchant une évaluation émotionnelle proche de celle ayant construit le schéma réactive ce dernier. Alors l'individu réagit de manière inadaptée, se voit de plus en plus influencé par le schéma, et d'une émotion spécifique, il étend ses comportements inadaptés à toutes les situations émotionnelles.

Les schémas décrits par Young se créent donc de manière précoce et sont, comme tout schéma, des filtres, des interfaces entre l'individu et son environnement. Les schémas sont associés à des styles de coping, mais cette association peut varier d'un individu à l'autre. Ils permettent à l'enfant de se protéger en le guidant dans le développement d'aptitudes en lien avec des besoins fondamentaux : autonomie, sécurité de base, relations interpersonnelles, estime de soi, expression de soi et apprentissage de limites réalistes. On suppose que ce sont des carences dans ces domaines ou des mauvais apprentissages en lien avec ces domaines qui plus tard pourraient avoir des conséquences allant jusqu'à la pathologie. Mais on suppose aussi que ces schémas, très utiles chez les enfants, le sont beaucoup moins chez les adultes qui peuvent développer d'autres aptitudes ou stratégies. Jusqu'à l'âge adulte, les schémas précoces, s'ils ont été inadaptés, peuvent engendrer des structures supérieures responsables de pathologies émotionnelles telles que l'anxiété et la dépression, ou s'exprimer par des troubles de la personnalité.

Chapitre 3

Soigner ses émotions ?

I. FAUT-IL VIVRE SES ÉMOTIONS ?

La question est souvent posée en ces termes, toutefois il n'est pas certain que l'on puisse y répondre de cette façon.

Le film de Kurt Wimmer, *Equilibrium*, met en scène un monde où, par des artifices pharmacologiques, les émotions n'existent plus chez l'homme. Dès le début du film, le spectateur choisit son camp lorsque, par maladresse, le héros brise sa seringue quotidienne, connaît enfin des émotions et va tenter de libérer ses frères. Certaines affections et lésions neurologiques ont comme conséquences de limiter les expressions émotionnelles chez les sujets, voire de limiter leur ressenti et sa diversité. Les observations cliniques soulignent alors deux conséquences : des difficultés relationnelles et une souffrance, si ce n'est du sujet lui-même, du moins de son entourage. Il existe aussi un trouble nommé alexithymie qui correspond à des problèmes de reconnaissance des émotions chez les autres mais aussi d'expression des émotions. Les personnes alexithymiques sont décrites comme froides, sans humeur, terre à terre, à l'imagination assez pauvre et sujettes à la somatisation. L'alexithymie entraîne des pronostics défavorables pour bien d'autres troubles et se retrouve fréquemment associée à des abus de substance. Il n'est pas question ici de dire que les sujets n'exprimant pas leurs émotions sont malades, il s'agit juste de souligner que des manques d'expression des émotions entrent dans des tableaux cliniques.

À l'opposé, il faut aussi noter que le tableau de l'hystérie est rempli d'expressions exagérées des émotions. La personnalité histrionique, qui est un trouble psychiatrique reconnu, est débordante de théâtralisme et d'exubérance émotionnelle. En réalité, en grande partie les troubles psychiatriques sont décrits par références à des dysfonctionnements émotionnels. Plus encore, pour certains comme l'anxiété ou la dépression, c'est le fait même de vivre une émotion, sans contrôle et dans des proportions excessives, qui est de l'ordre du trouble psychiatrique.

En marge de ces considérations pathologiques, subsistent encore celles évoquées dans le premier chapitre de cet ouvrage, à savoir que le fait de réagir sous l'emprise d'une émotion conduit parfois à des comportements inappropriés. À cela, il a déjà été répondu que les émotions sont censées mener, dans certaines conditions d'urgence et par heuristiques, à des comportements adaptés, mais que tout raisonnement par heuristiques peut aussi mener à des erreurs. La question serait plutôt de savoir si le taux d'erreurs est acceptable en comparaison des bénéfices. Alors la réponse se ferait d'abord à un niveau individuel, et chacun serait libre de juger pour soi-même de l'équilibre, et ensuite à un niveau collectif en rejoignant le champ de la description pathologique.

L'ensemble des modèles présentés admet que les émotions sont utiles dans la vie par leur pouvoir adaptatif, par leur fonction de communication ou parce qu'elles apportent à chacun des buts, des motivations, des renforcements vers certains comportements. Il est certain que nous tendons tous à vivre des choses considérées comme agréables, mais que pour les apprécier à leur juste valeur, et comme tout est comparaison, il faut avoir une idée de ce qui est désagréable. Vivre ses émotions paraît donc nécessaire, mais encore une fois pour tous les modèles, il existe des limites dans ce vécu qui peut donc devenir problématique. Il existe aussi des situations durant lesquelles logiquement, socialement, normativement, certaines émotions sont à vivre et donc certaines à ne pas exprimer. Alors, la qualité et la quantité du vécu émotionnel entraînent une souffrance pour l'individu ou son entourage. Ce ne peut être que dans ce sens que le vécu émotionnel est à gérer ou à traiter.

II. COMMENT SOIGNER DES ÉMOTIONS ?

Trois variables peuvent être considérées dans la gestion des émotions et des troubles de l'humeur : la *situation* qui provoque l'*arousal* qui lui-même entraîne l'*appraisal*. Il est parfois possible d'agir sur l'une des trois et de faire disparaître ainsi l'émotion. Mais ce n'est malheureusement presque jamais aussi simple.

Agir sur la situation émotionnelle, c'est éviter qu'elle se produise. Toutes les personnes phobiques ont compris qu'éviter les objets de leur peur est censé réduire leur peur. Toutefois, la phobie se reconnaît aux efforts souvent épuisants mis en place pour éviter l'objet phobogène et à l'émotion de peur qui subsiste juste à l'évocation de l'objet.

Réduire l'*arousal*, voire l'inhiber totalement, est possible par l'ingestion de quelques médicaments ou par l'utilisation d'autres substances plus ou moins licites. Cette solution pose toutefois deux problèmes. Le premier concerne l'utilisation de drogues : les dépendances secondaires et le trou de la Sécurité sociale qui se creuse aussi en France par l'utilisation annuelle de millions de psychotropes anxiolytiques. Le second concerne les effets parfois peu spécifiques de ces substances : ce n'est pas l'*arousal* dans une situation qui est réduit, mais trop souvent l'ensemble des éveils physiologiques, et pour réduire ses peurs, on réduit ses joies et ses bonheurs.

L'évaluation de la situation, puisqu'elle est source de l'émotion elle-même, peut être l'objet d'une action thérapeutique. Lazarus a montré clairement que certaines informations sont susceptibles d'amoindrir le vécu émotionnel de certaines situations, de les rendre moins stressantes et moins douloureuses. Mais ce n'est pas ici faire disparaître la souffrance engendrée par la situation, et les conséquences d'un maintien de l'arousal peuvent être parfois aussi dommageables car interprétées comme une fatalité.

C'est sans doute une action simultanée sur plusieurs de ces variables qui permettra un résultat meilleur dans la qualité et le temps. Au niveau psychologique, pour rendre cette action possible, des traitements se sont développés autour d'une approche comportementale se centrant sur l'environnement et son rôle dans la genèse des émotions pathologiques et d'une approche cognitive dont le but est d'agir sur l'*appraisal*.

1. Thérapies comportementales et cognitives des émotions

- **Principes**

L'une des principales études de référence en ce domaine est celle que Watson et Rayner menèrent en 1920 et qui est connue sous le nom de l'expérience du petit Albert. Partant de l'idée que le conditionnement pouvait être une base d'explication à l'apparition de névroses, ils voulurent montrer, en laboratoire, comment une phobie pouvait s'installer chez quelqu'un, comment une réponse émotionnelle pouvait être conditionnée. Ils se centrèrent sur l'enfant qui pour eux ne réagit que par quelques patterns de réponses émotionnelles (rage, peur et amour) et donc chez qui il serait possible de diversifier les émotions.

Watson et Rayner rencontrèrent alors le petit Albert B., enfant décrit comme *normal et sain*, âgé de 9 mois, qui avait passé presque toute sa courte vie à l'hôpital car sa mère était nourrice au *Harret Lane Home for Invalid Children*. Albert ne montrait pas beaucoup d'émotions spontanément, impassibilité qui en faisait un sujet de choix car il était possible de tenter de le rendre un peu plus émotif. En le mettant face à différents objets, il fut vérifié qu'il n'avait pas de réaction de peur particulière.

À onze mois et trois jours, Albert subit la préparation de son conditionnement. Pendant que l'un des expérimentateurs attirait son attention, l'autre se glissa derrière lui et provoqua un bruit assourdissant à l'aide d'une barre d'acier bien frappée. L'enfant sursauta à chaque bruit, et pleura dès le troisième. Pour vérifier qu'il n'était pas sensible à ce qui devait devenir son objet de phobie, on lui présenta alors une souris blanche qui n'entraînait aucune réaction de peur. Ensuite, les expérimentateurs présentèrent de nouveau la souris à Albert, mais lorsqu'il approcha la main pour la toucher du bout des doigts, le bruit de la barre d'acier retentit à côté de sa tête. Albert, sans pleurer, sursauta, montra de la tristesse et s'enfouit la tête dans un coussin.

À onze mois et dix jours, Albert a été, à proprement parler, conditionné. Comme pour une piqûre de rappel, on lui présenta à nouveau la souris. Alors qu'il tendait son doigt vers elle, un bruit retentit. L'association entre la souris blanche et le bruit produit par la barre d'acier fut reproduite cinq fois encore. Elle provoqua chez Albert de fortes réactions émotionnelles : pleurs, mouvements de recul, larmes… Suite à ces associations, la seule présentation de la souris blanche pouvait suffire à provoquer des larmes, des cris, des comportements de fuite et d'évitement chez le martyr scientifique.

Sept stimulations seulement ont été nécessaires pour obtenir des réactions phobiques franches. Watson et Rayner affirment même que si le stimulus avait été plus fort et plus complexe, le nombre de stimulations nécessaires aurait pu être réduit.

Par la suite, la généralisation de la peur d'Albert fut testée et il apparut qu'il montrait les mêmes réactions face à divers objets qui ressemblaient de près ou de loin à une souris blanche, comme un lapin blanc ou du coton hydrophile. Résultats qui montrent que les phobies peuvent être acquises d'une part par conditionnement, et d'autre part par transfert sur d'autres objets.

Ce qui rend cette expérience, dont le sens éthique est très contestable, encore plus affreuse, c'est que le départ prématuré de l'hôpital d'Albert empêcha Watson et Rayner de tenter un déconditionnement de cette peur.

Cover Jones, élève de Watson, conduit en 1924, une expérience similaire à celle du maître, et tout aussi connue, sur un autre enfant : le petit Peter. Mais cette fois, le déconditionnement de la peur apprise pu être réalisé par association de l'objet phobogène, lors d'un contre-conditionnement, à des réponses incompatibles de plaisir. Bien que tout aussi critiquable sur le plan éthique, cette expérience n'en finit pas moins de poser les principes des thérapies comportementales : si un problème émotionnel peut être engendré par un conditionnement, alors un contre-conditionnement doit pouvoir le résoudre. Associons donc les objets des phobies à des moments de plaisir et les phobies disparaîtront.

Les psychologues se penchèrent alors sur les principes du conditionnement pour tenter de comprendre la construction des troubles émotionnels, mais aussi pour mettre au point des techniques thérapeutiques strictement formalisées. Ils se heurtèrent pourtant assez souvent dans leurs descriptions à la complexité même des processus de conditionnement. Ils furent ainsi nombreux à avancer des idées telles que l'association temporelle entre deux stimuli n'est pas suffisante pour clairement expliquer ce type d'apprentissage, et n'en est peut-être même pas l'élément le plus important. Il fut imaginé que d'autres processus y prenaient place et en particulier des processus comme les associations visio-idéatives, sans contraintes temporelles et médiatisées par la *pensée* – la cognition.

Le mouvement cognitiviste se développant, il fut imaginé qu'une bonne partie des conditionnements émotionnels se faisait donc par les cognitions ; même si les processus étaient semblables à ceux décrits dans l'approche comportementaliste plus stricte. Mowrer (1960), dans son modèle parfois critiqué du double conditionnement, illustre clairement le rôle de la cognition sur les contingences environnementales entrant dans la structuration d'un trouble. Pour expliquer ce modèle, nous pouvons le reprendre pour le compte de Pierre, un jeune patient qui souffrait d'une phobie des chiens.

Les parents de Pierre avaient accepté de garder pour les vacances un énorme mâtin de Naples dressé pour le gardiennage. Pierre jouait au ballon avec le chien, et ce dernier confondit la tête de l'enfant avec le jouet. Pierre eut la moitié du visage arrachée puis recousue, le chien fut abattu et les parents s'en voulurent sincèrement de leur inconscience. Mais en plus, Pierre qui n'avait pas peur des chiens jusqu'à cet événement traumatisant, acquit aussi la certitude qu'un chien pouvait être dangereux et qu'une morsure n'était jamais à exclure. Plus il rencontrait de chiens et plus il se persuadait qu'un danger existait. Il pouvait associer à ce danger la douleur qu'il avait connue et des douleurs imaginées. Cette répétition d'associations visuo-idéatives constituerait le conditionnement classique de l'anxiété. Plus tard, Pierre compris que son anxiété était réduite lorsqu'il changeait de trottoir à la vue d'un chien ou lorsque, dès que la peur montait, il se frappait la poitrine comme l'aurait fait Tarzan devant un lion, parce qu'il avait associé l'idée du roi de la jungle et de sa non-peur des bêtes à sa propre situation. Il avait ainsi acquis les comportements d'évitements et les rituels qui sont si courants dans l'anxiété pathologique. Pierre était alors entraîné dans un processus de conditionnement opérant avec évitement d'une situation pénible. Pierre répéta les évitements et les rituels de plus en plus souvent, et tous ses comportements en furent affectés. Il ne sortait plus que difficilement de chez lui, en imaginant les trajets qu'il devait faire et prenait soin d'emporter des gris-gris de toute sorte pour éloigner les mauvais esprits. Le conditionnement de cette phobie et des comportements associés prenait donc en compte des variables dispositionnelles du jeune Pierre.

La partie cognitive des thérapies comportementales et cognitives (TCC) s'est construite sur cette base du rôle de la cognition, mais aussi sur des travaux de précurseurs dans le traitement émotionnel comme ceux de Beck dans son modèle des schémas. Rappelons qu'il s'agit de considérer des dysfonctionnements cognitifs qui sont les conséquences de processus émotionnels particuliers, que l'on reconnaît par l'emploi d'automatismes inadaptés dans les jugements. Ou plus simplement que des gens ne vont pas bien parce qu'ils ne pensent pas bien, à cause des émotions. L'idée est alors qu'il doit être possible de repérer les dysfonctionnements cognitifs chez un individu et de les corriger. On peut parler pour cela, de façon générale d'une *restructuration cognitive*.

Le but des thérapies comportementales et cognitives est donc double :

– d'abord, il sera question de déconditionner les apprentissages par association des stimuli provoquant les émotions non désirées avec des situations de plaisir, comme la relaxation par exemple ;

– ensuite, faire comprendre à chacun comment agissent les émotions sur nos comportements, permettre une prise de conscience des aspects handicapants, comme des aspects adaptatifs et/ou plaisants des émotions, afin d'éliminer certaines influences tout en conservant les autres.

• Quelques techniques et outils

À partir de ces principes, les thérapies comportementales et cognitives proposent quelques techniques pouvant permettre de soigner les troubles de l'humeur.

Il existe par exemple des *techniques d'exposition* fondées sur le principe que la confrontation au stimulus, pour le peu qu'elle soit réfléchie et contrôlée, permet d'apprendre à gérer l'émotion qui lui est associée. Il faut amener le patient à se confronter aux stimuli qui provoquent chez lui de l'anxiété tout en aménageant l'environnement pour éviter la mise en place de comportements de fuite ou d'évitement. Le fait d'exposer un individu à une situation redoutée permet aussi, avec lui, de repérer ses pensées dysfonctionnelles et de les discuter. Il sera alors simple, par la suite de reprendre ces pensées et de lui montrer comment elles augmentent artificiellement son ressenti émotionnel lors de l'exposition.

On parle aussi d'*exposition graduelle in vivo,* dont le principe est l'exposition du patient à une hiérarchie de stimuli allant de celui qui provoque le moins de réaction émotionnelle à celui qui en provoque le plus. Ainsi pour Pierre, le jeune garçon phobique des chiens, un traitement par exposition avait été imaginé. Avec lui, nous avions hiérarchisé des stimuli en relation avec les chiens en fonction de ce qui lui faisait le plus peur et de ce qu'il était prêt à faire si vraiment on le forçait. Une hiérarchie de dix situations avait été obtenue qui s'articulait ainsi :

1. regarder dans un livre une photo d'un mâtin de Naples avec ses babines pendantes ;

2. regarder dans un livre une photo de chien avec les babines remontées ;

3. approcher de la grille de sa voisine et aller voir un petit chien avec lequel il avait de bonnes relations avant son accident ;

4. être à quelques mètres d'un chien qu'il connaissait et qui était tenu en laisse ;

5. être à quelques mètres d'un petit chien qu'il ne connaissait pas et qui était tenu en laisse ;

6. être à quelques mètres d'un gros chien qu'il ne connaissait pas, qui était tenu en laisse, dont on lui avait dit qu'il était gentil et qui portait une muselière ;

7. être à quelques mètres d'un chien qu'il ne connaissait pas, qui était tenu en laisse, dont on ne lui avait rien dit et qui ne portait pas de muselière ;

8. donner à manger à un petit chien qu'il connaissait ;

9. caresser un petit chien qu'il connaissait et qui avait l'air vieux ;

10. croiser, sur le même trottoir un gros chien tenu en laisse.

Pierre a évolué dans cette hiérarchie, et à chaque situation maîtrisée émotionnellement, son anxiété était de fait réduite pour affronter la suivante.

Pour aider les processus mis en place lors d'une telle exposition, il est possible d'utiliser la relaxation. Le principe ici, exposé par Wolpe dans les années 1970, est que l'état induit par la relaxation est antagoniste à la peur ressentie face au stimulus phobogène ; alors l'une des réponses est inhibée par une autre qui lui est opposée. Wolpe parlera alors de *désensibilisation systématique*. Il sera proposé que cette désensibilisation puisse se faire en imagination ou *in vivo*, c'est-à-dire que le sujet affronte progressivement les situations réelles utilisant en même temps des stratégies de relaxation. La relaxation étant, entre autres modifications physiologiques, un état d'hypotonie musculaire, elle est effectivement opposée à l'état d'éveil associé à l'anxiété.

Cette technique directement issue du traitement des névroses expérimentales tels que Watson les avait imaginés peut se faire à l'aide d'autres situations antagonistes de la peur. Chez les enfants, par exemple, une exposition à un objet phobogène en même temps qu'est donnée une glace à la fraise est assez efficace. Chez les adultes, on compte maintes histoires de chevalier près à braver des dragons à la seule pensée de ce qu'ils pourront faire avec la princesse lorsqu'elle sera délivrée.

Lorsque l'exposition ne se fait pas de manière graduée, étape par étape, mais d'un seul coup, on parle généralement d'*implosion* et d'*immersion*. La technique de l'implosion confronte le sujet, en imaginaire, directement aux situations les plus anxiogènes. L'immersion le fait dans la réalité.

Pour que ces deux dernières techniques soient efficaces, il est nécessaire d'avoir la pleine collaboration du patient et d'éviter les comportements de fuite ou d'évitement qui pourraient augmenter, au contraire, les propriétés anxiogènes des stimuli. Mais des raisons éthiques rendent l'application de ces techniques assez problématiques.

La *restructuration cognitive* a déjà été évoquée. C'est une technique qui vise à modifier directement les pensées dysfonctionnelles et les distorsions cognitives qui provoquent un vécu et un ressenti émotionnel négatif. Le thérapeute et le patient repèrent avec précision les croyances automatiques qui surgissent pendant les transactions stressantes afin de les discuter, de les modifier et de les remplacer par des idées plus souples, rationnelles et adaptées. Le levier principal de cette technique est le *questionnement socratique* qui sert à semer le doute thérapeutique dans les croyances rigides d'un sujet. Socrate préconisait pour redresser les erreurs de jugement de mettre en évidence des contradictions entre les prémices erronées et des conclusions qui en résultent.

Le jeune Pierre avait par exemple, pour règle de raisonnement, que tous les chiens étaient méchants et mordaient. Interrogé sur les hommes assez stupides pour avoir des chiens, il admettait facilement que les chiens ne mordaient que les gens qu'ils ne connaissaient pas. Si l'interrogatoire continuait sur le problème des milliers de personnes inconscientes qui se promenaient dans la rue alors que des chiens y étaient aussi, Pierre acceptait que son idée ne fût pas une vérité en soi.

Lorsque la restructuration cognitive est dirigée par le concept de schémas et de dysfonctionnements schématiques, il est alors question de *thérapies orientées schémas.*

Pour clore cette liste loin d'être exhaustive, il faut préciser qu'il existe des outils spécifiques utilisés dans les traitements cognitivo-comportementaux. Les *jeux de rôles* sont ainsi fréquemment employés, en particulier lors de séances d'*affirmation de soi.* Ces séances sont préconisées pour un trouble émotionnel important dans les situations sociales, des difficultés à communiquer et un déficit d'affirmation de soi. C'est-à-dire qu'elles concernent des personnes qui n'osent pas répondre à une critique, qui sont vite agressives, se sentent bloquées quand il s'agit de poser une question, se sentent inhibées... Il leur est appris à s'affirmer, ce qui ne veut pas dire agresser autrui, mais « exprimer ses émotions, ses pensées et ses comportements de façon adaptée ». Les moyens pour apprendre l'affirmation de soi sont l'auto-observation qui permet de repérer véritablement ses manques, les jeux de rôle enregistrés sur une vidéo, l'imitation de comportements affirmés d'autrui...

2. Gestion quotidienne des émotions

Sans être de l'ordre de la pathologie, certaines manifestations émotionnelles peuvent être handicapantes dans la vie quotidienne. Il s'agit de la boule dans la gorge qui empêchera quelqu'un de s'exprimer au bon moment, des plaques rouges qui fleurissent sur le visage d'une personne impressionnée, des bégaiements face à un jury, de larmes qui coulent pour un oui ou pour un non, des inquiétudes qui empêchent de dormir dans une chambre d'hôtel, etc. La souffrance qui en résulte n'est certes pas assez importante pour que l'on songe à consulter un spécialiste, mais tous ceux qui connaissent de telles manifestations s'en passeraient volontiers.

Pour ce faire, il existe des programmes de gestion des émotions, dont la plupart sont inspirées des thérapies comportementales et cognitives, des différentes théories de l'évaluation et de leurs pendants tels que le coping.

Il s'agit de rechercher des moyens efficaces, pour un individu donné, de changer sa perception des situations et ainsi de réduire l'interprétation émotionnelle qu'il en fera, dans sa qualité ou dans sa quantité. Il s'agit souvent de proposer des interprétations plus positives, d'évaluer objectivement la situation et ses conséquences, ou d'agir sur l'attribution du ressenti. Même si cela peut paraître simpliste, il n'en est rien, et toute action doit être réfléchie pour ne pas induire les effets inverses à ceux escomptés. Comme mise en garde, il existe le célèbre exemple du placebo-somnifère.

L'effet placebo est connu de tous. Il nous suffit d'être dans la salle d'attente de notre médecin pour sentir nos maux de tête diminuer, il nous suffit de croire avoir bu un peu d'alcool pour nous sentir moins inhibés, et parfois même il nous suffit de croire pour voir. Forts de ces expériences subjectives, nombreux sont ceux qui tentent de les utiliser en toutes circonstances. Ainsi, dans les maisons de retraite par exemple, pour soigner les insomnies des pensionnaires, on donne souvent une petite pilule rose ou bleue censée réduire les tensions et éviter les inquiétudes. Mais il faut constater que cette méthode ne marche pas à chaque fois et pourrait même avoir, contre toute attente, les effets inverses et retarder d'autant plus l'endormissement. À cela, plusieurs explications sont possibles.

La première tient au fait que la plupart des personnes ne deviennent pas nécessairement crédules en vieillissant, qu'elles restent maîtresses de leur jugement, que, de fait, l'utilisation de ces placebos les agace et qu'une tension s'ajoute à celle qui déjà retardait leur sommeil.

Pour la seconde raison, il faut d'abord imaginer que nous puissions tout de même nous laisser prendre à l'effet placebo. Ensuite, il faut considérer que les travaux sur l'évaluation cognitive nous apprennent qu'une activation physiologique entraîne une évaluation de la situation qui pourra prendre une voie émotionnelle s'il n'y en a pas d'autres de disponibles. Or le placebo n'a pas spécifiquement d'effet sur une véritable activation physiologique dont l'origine peut être due à bien des variables, dont certaines nous affectent d'autant plus avec l'âge : chaleur, douleur, soucis, bruit, etc. Si une personne prend une pilule en étant persuadée qu'elle va agir sur cette tension et que cette tension reste, alors elle va l'interpréter plus gravement encore, et sans doute en lui accordant un poids émotionnel plus important. Ici les tourments et les inquiétudes vont augmenter et le sommeil ne sera pas près de venir. Par contre, on aurait pu dire en donnant le placebo que celui-ci avait justement pour effet une certaine activation physiologique sans conséquences. Alors, l'interprétation des tensions aurait trouvé sa place dans la sphère biologique, il n'aurait pas été mis en avant une explication émotionnelle ou des tourments psychologiques, et le sommeil serait venu plus rapidement.

Il s'agit bien ici d'agir sur l'interprétation de la situation pour lui retirer une part de sa valeur émotionnelle afin d'en réduire les effets vécus comme négatifs. Pour ce faire, il faut rechercher des variables dites modératrices.

- **Variables modératrices de l'impact émotionnel**

Parmi ces variables pouvant modérer l'impact émotionnel d'un événement, on parle souvent de l'*optimisme* et de la *bonne humeur* qu'il est possible de développer. Ils auraient pour effet d'entraîner un biais cognitif de minimisation de la gravité des événements et/ou à surestimer ses propres ressources. Si l'on en croit le modèle de Bower, un entraînement à l'évocation d'événements, de souvenirs et d'informations à valeur émotionnelle positive permet, petit à petit d'activer préférentiellement des nœuds mémoriels positifs et par conséquent les traitements spécifiques qui y sont attachés. Hautekèete et Vantome (1986) proposent une telle méthode de traitement de la dépression par entraînement d'association de mots positifs qu'ils nomment AVCOP (association verbale continue orientée positivement).

L'*endurance*, c'est-à-dire l'infatigabilité, la curiosité, l'envie de s'impliquer dans des activités diverses est aussi avancée comme modératrice des effets négatifs des émotions. Mais il s'agirait plus ici d'un trait de personnalité donc plus difficile à entraîner. Cependant, il ne serait pas sans lien avec une bonne hygiène de vie concernant la pratique d'un sport, l'équilibre alimentaire, un sommeil de qualité, etc. condition *sine qua non* de l'énergie et du bien-être.

Une variable plus étudiable et plus manipulable est le *soutien social.* Il est défini comme la perception qu'a un individu à l'égard de la qualité de ses relations sociales. De manière subjective, il se construit donc sur un ensemble de relations interpersonnelles dans lesquelles sont recherchés des liens affectifs positifs (amitié, amour ou juste sympathie), mais aussi des aides pratiques (instrumentales ou financières) et surtout des informations relatives à la situation. La qualité de ce soutien est primordiale et si par exemple les informations données peuvent réduire l'impact émotionnel d'un événement en permettant de le relativiser, des informations de mauvaise qualité peuvent être catastrophiques. Il suffit pour s'en convaincre d'observer l'attente d'un examen. On y repère facilement ces étudiants qui arrivent sûrs d'eux-mêmes car ils ont bien assez compris et révisé. Ils commettent souvent l'erreur de parler aux autres, plus inquiets, qui leur révèlent les dernières rumeurs, qui leur rappellent que le professeur qui a fait les sujets est une peau de vache, qu'il y aura un piège... Et l'assurance se transforme en inquiétude, voire en panique.

L'*information* est donc aussi capitale. Il serait étonnant de rencontrer un entomologiste ayant peur des fourmis. Hautekèete-Sence et ses collaborateurs, en 2000, ont pu montrer que le fait de familiariser des enfants à des environnements écologiques, de leur apporter des informations sur les petites bêtes qui y vivent, réduit considérablement les peurs qu'ils en ont.

Enfin, est souvent repris le *contrôle perçu* des individus. Si l'émotion que peut générer un événement est dépendante d'une estimation subjective, cette estimation dépend, en partie, de l'idée que nous nous faisons de nos capacités à contrôler ou non la situation. Il s'agit de savoir si nous allons fuir, éviter ou affronter la situation, d'apprécier notre degré d'influence sur l'environnement. C'est une extension de la notion de *Locus of Control* que l'on doit à Rotter (1966).

D'un côté, cette notion vient du constat que la plupart des gens ont besoin de croire qu'ils contrôlent effectivement les événements de leur vie, ont la volonté de croire qu'ils sont la cause de ce qui leur arrive. Constat aussi que dans le discours certains expriment ce sentiment de contrôle, alors que d'autres non, et que ceux qui ne l'expriment pas sont les plus sensibles aux émotions négatives.

D'un autre côté, la notion n'est que le développement logique d'expériences des années 1970 comme celles de Seligman et de son équipe qui ont pu montrer qu'un animal qui ne contrôle plus son environnement se laisse aller, alors que si l'on donne à l'animal l'impression qu'il peut contrôler, il s'acharne plus longtemps. Par exemple, ils ont fait subir à des chiens l'apprentissage d'une première situation de chocs électriques. Tous les chiens sont maintenus dans un carcan empêchant tout mouvement sauf ceux de la tête. Mais si pour un groupe, bouger la tête permet d'éviter les chocs électriques, pour l'autre il n'en est rien. Bien entendu, ceux qui peuvent contrôler apprennent vite à contrôler, tandis que les autres ne bougent la tête que par hasard. Par la suite, tous les chiens sont placés un à un dans une autre situation de chocs électriques. Ils ont les pattes sur un sol grillagé et électrifié qu'ils peuvent quitter en sautant au-dessus d'une barrière. Les chiens qui ont connu le contrôle possible dans la première phase de l'expérience cherchent une solution, aboient et très vite apprennent à sauter. Les chiens pour lesquels le contrôle était impossible aboient à peine, puis se couchent et se mettent à gémir en attendant que ça passe.

Pour rendre compte des apprentissages sociaux, Rotter s'est intéressé à cette notion de contrôle des renforcements. Il parle de la croyance qu'à chaque individu en un contrôle interne (ses propres capacités, ses comportements, ses caractéristiques personnelles...) ou un contrôle externe (chance, hasard, destin...) des événements qu'il vit. Il se propose de catégoriser les gens en fonction de cette croyance, et crée un test pour tester cette foi sur un continuum interne-externe. Il est possible de trouver en français un remarquable essai sur cette notion dans l'ouvrage de Dubois paru en 1987.

De nombreuses études montrent que, de manière générale, la croyance en un contrôle interne, en sa propre action sur l'environnement et le destin, atténue les perturbations psychologiques et l'impact émotionnel des événements, tandis que la croyance en un lieu de contrôle externe les amplifie. Ces mêmes études montrent qu'il suffit d'y croire, que contrôler effectivement n'est pas nécessaire.

Pour augmenter le contrôle perçu et ainsi réduire l'évaluation négative d'un événement il existe au moins deux solutions. D'abord il est possible de réduire l'incertitude en emmagasinant de l'information. Il est préférable de savoir quand et où le dentiste va fraiser, il est préférable de se préparer à un accouchement, et savoir que quelqu'un n'est jamais content et râle tout le temps quoi qu'il arrive réduit considérablement le poids de ses reproches. Ensuite, l'augmentation du contrôle perçu peut se faire de manière plus comportementale par l'apprentissage de réactions spécifiques à adopter lors d'événements chargés émotionnellement. Il est possible d'apprendre par cœur quelques répliques qui seront dites sans trop de détresse et d'épanchements émotionnels lors de la rencontre de l'être aimé. Les jeux de rôles sont ainsi beaucoup utilisés dans la pratique clinique qui s'articule généralement en deux phases : l'évaluation et l'action.

- **L'évaluation**

Face à des problèmes émotionnels, l'évaluation dans une pratique clinique, va tout d'abord concerner des mesures de l'expression émotionnelle elle-même et de ses conséquences. Il s'agit de déterminer objectivement le problème, de le cerner dans sa durée, dans ses causes, dans les comportements qu'il produit ou qu'il empêche. Il s'agit encore de déterminer si l'émotion comme elle est exprimée et donc observée, est un réel handicap. Cette mesure objective sera confrontée à une évaluation plus subjective de la situation et de la souffrance qu'elle occasionne. Un décalage constaté entre ces deux évaluations, pour le peu qu'il aille comme d'ordinaire dans le sens d'une exagération de la mesure subjective, est souvent l'un des pas le plus déterminant d'une prise en charge.

Un inventaire des stratégies de coping utilisées sera aussi réalisé. Il est nécessaire pour isoler les stratégies inadaptées qui sont en elles-mêmes une source de problèmes, et les stratégies adaptées qui ne demandent qu'à être généralisées.

Une telle évaluation clinique ne pourrait se passer aussi des mesures de ce qui généralement est regroupé sous le terme générique de *variables pathogènes*. Ces variables sont celles qui sans être nécessairement cause de problèmes sont en tout cas un frein au bien-être de l'individu. Ces mesures concerneront l'anxiété et la dépression dans leur forme pathologique, le lieu de contrôle, le style et l'hygiène de vie, les dysfonctionnements cognitifs ou biais d'interprétation, la personnalité d'une manière générale…

De la même manière, on mesurera un ensemble de variables dites *immunogènes*, sachant qu'il faut favoriser leur expression. Seront pris en compte les différents aspects positifs du support social, les références possibles à des expériences passées pour lesquelles il n'y eut pas de problème, les potentialités d'amélioration de style et de l'hygiène de vie.

- **L'action**

Les évaluations effectuées, des actions sont envisageables pour gérer les émotions.

La première de ces actions est de faire émerger une prise de conscience du déséquilibre entre l'objectif et le subjectif. Il est courant d'observer que la peur entraîne une exagération des sensations, des estimations subjectives de détresse en même temps qu'une minimisation des possibilités de fuite et de survie. Une personne triste voit le monde encore plus triste… Les émotions entraînent de tels biais d'interprétation qui font qu'elles peuvent subsister.

L'inventaire des stratégies de coping ayant été réalisé, il s'agit donc d'insister sur l'utilisation des plus adaptées aux situations problèmes tout en permettant la non-utilisation des inadaptées. Comme de nombreuses stratégies existent, il n'est pas bien difficile de proposer des alternatives aux comportements les plus courants, ceux qui génèrent le malaise.

Les conditions immunogènes peuvent aussi faire l'objet d'actions spécifiques. Il est possible d'encourager une bonne hygiène de vie, de conduire à de bonnes résolutions, d'analyser le support social d'un individu pour en faire ressortir les points les plus positifs et les plus négatifs.

Les variables pathogènes comme l'anxiété ou la dépression peuvent voir leurs effets réduits par de la relaxation, de l'affirmation de soi, par une augmentation du sentiment de contrôle.

Enfin, l'analyse des situations problèmes permet parfois de réduire l'occurrence des événements difficiles à vivre émotionnellement sans pour autant favoriser l'évitement qui ne saurait être une stratégie adaptée à long terme. Les actions peuvent porter sur l'environnement social comme sur l'environnement physique. Il est tout à fait possible en même temps de favoriser les événements entraînant des ressentis émotionnels positifs.

- **Les outils**

Il existe pour les mesures des centaines d'échelles d'évaluations concernant l'anxiété, la dépression, le stress, l'affirmation de soi, les affects négatifs, les stratégies de coping… Mais il est aussi courant de réaliser la mesure d'une manière plus écologique, pour cela sont utilisées de *feuilles de route*. Pour la plupart, il s'agit de tableaux dans lesquels sont reportées à chaque fois qu'un mal-être émotionnel est éprouvé une description précise de la situation, une description des sensations physiologiques, du ressenti émotionnel et des comportements adoptés. Ces feuilles de route permettent le repérage des classes de situations entraînant des problèmes, et les comportements qui en résultent, sachant qu'ils sont sûrement l'image de stratégies inadaptées. Elles permettent aussi une objectivation du poids émotionnel des situations et de leurs conséquences. Enfin, elles sont bien souvent un support pour la mise en évidence des règles cognitives dysfonctionnelles que les émotions actives.

Les outils d'actions regroupent l'ensemble des techniques thérapeutiques cognitives et comportementales déjà décrites : relaxation, affirmation de soi, restructuration cognitive, etc. Mais ces actions n'étant pas nécessairement d'ordre thérapeutique, elles reposent aussi sur le bon sens, et le conseil avisé d'un professionnel qui saura lui, ne pas se laisser dominer par ses émotions dans l'analyse des situations.

Bien d'autres méthodes sont aussi employées comme l'apprentissage de la respiration, le yoga, l'investissement dans la production artistique, l'écoute de musiques reposantes, les bains d'algues et de boue, le sommeil, le massage quatre mains en instituts spécialisés… Toutes ces techniques sont bien entendues valables et à encourager pour autant qu'elles permettent un relâchement des tensions, favorisent des ressentis émotionnels agréables, sans entraîner l'adoption de stratégies qui sur le long terme auront-elles mêmes leurs effets négatifs. L'emploi des diverses substances illicites qui, paraît-il, mènent au nirvana n'est donc pas une des meilleures solutions.

Parmi les moyens plus licites, il en existe un, mis ces dernières années sur le devant de la scène et dont il serait sans doute dommage de se priver : le rire. Un vieil adage à l'origine obscure veut qu'un fou rire vaille un *bon steak*. Cet éclat émotionnel exprimant normalement la joie et déclenché par cette chose indéfinissable qu'est l'humour, est depuis longtemps associé au bien-être. Dans les groupes de psychothérapies à base de rire qui se développent actuellement, on lui confère des effets bénéfiques sur la santé en général, sur l'état psychologique, sur le système immunitaire, les maladies cardiaques... Il est aussi essentiel dans les rapports entre les individus et il augmenterait la confiance en soi.

Les récents travaux de Berk et de son équipe mettent en évidence les effets du rire sur la sphère biologique. Des fluctuations de certains indices sanguins immunitaires sont mesurées tandis que des individus en bonne santé regardent un film humoristique, les effets du film et de ses conséquences émotionnelles apparaissent alors. Si les individus sont en moins bonne santé, souffrent de problèmes cardiaques, il est aussi relaté qu'une demi-heure par jour de film humoristique réduit les troubles rythmiques, la tension artérielle et les risques d'infarctus. La production d'hormones comme les endorphines augmenterait à l'idée même d'aller voir un film comique.

Depuis toujours il est admis que la bonne humeur, un bon moral servent de prévention à de nombreuses maladies et sont des facteurs favorisant la rémission de troubles organiques. Alors, si cette émotion positive est à la fois une stratégie de coping efficace et une fin en soi, il est important de faire le maximum pour la favoriser...

Chapitre 4

Perspectives

Dans les magazines non scientifiques fleurissent les articles sur les émotions, et l'aspect de leurs fleurs dépend essentiellement de la saison. Au printemps, elles sont responsables de kilos superflus et il faut les gérer pour perdre ce surpoids qui gâcherait sans aucun doute les vacances à venir. En été, elles sont la source du bonheur, et il faut juste savoir les vivre pour prendre du bon temps et avoir toujours de bons souvenirs des plages. En automne, elles deviennent les responsables de notre fatigue, elles dépendent de la lumière, mènent au suicide, et il faut les inonder d'ultraviolets et de vitamines pour y survivre. En hiver ce sont les émotions de notre enfance qui nous reviennent, et il nous suffit juste de les analyser et d'oublier que nous avons aussi des émotions d'adultes pour être heureux.

Les émotions sont facilement mises à toutes les modes. Comme une part de l'identité humaine, certains cherchent à les intégrer à chaque nouvelle problématique. Mais plus scientifiquement, elles prennent en effet placent dans des champs très actuels de la recherche.

I. INFORMATIQUE ET ROBOTIQUE

Le docteur Asimov a souvent joué avec les émotions qui rendaient les robots un peu plus humains. Les ordinateurs qui atteignent le stade d'entité parce qu'ils deviennent capables d'aimer, de haïr, de comprendre l'humour sont innombrables dans la science-fiction. Parfois, ils contrôlent les hommes qui doivent alors combattre leur propre création, parfois ils sont nos amis et peuvent même éprouver des sentiments pour nous, qui les rendront malheureux. Mais presque toujours ils souffriront des affres des émotions positives ou négatives, comme nous pouvons en souffrir.

Mais en ce domaine, et comme le veut l'expression, la réalité rattrape vite la fiction. Dans le domaine informatique, les recherches en sciences cognitives tendent à créer une intelligence artificielle, c'est-à-dire des systèmes capables de comprendre leur environnement et de le modifier ; quelque chose permettant de simuler notre propre intelligence. Les environnements dans lesquels doivent agir ces systèmes sont pour la plupart des environnements humains, sociaux ; on a donc depuis longtemps supposé que l'intelligence artificielle doit prendre en compte les émotions dans sa compréhension. Il existe d'ailleurs une branche de ces recherches nommée *Affective Computing*. Cette façon de voir les choses s'applique d'autant plus que l'on s'intéresse à la conception de robots devant interagir avec l'Homme.

Outre les vieux rêves de créateurs tels que Steven Spielberg nous les présente dans son film *I.A.*, l'intégration des émotions dans les systèmes d'intelligence artificielle et leurs applications en robotique peuvent satisfaire plusieurs mobiles. D'abord, si l'intelligence se définit aussi par l'émotion, alors il est nécessaire qu'elle l'intègre, surtout si nous n'avons pas d'autres modèles que nous-mêmes. Ensuite, si l'émotion est un système d'adaptation à l'environnement supérieur et relativement efficace, il est logique de l'intégrer dans de telles machines. De plus, si les machines doivent interagir avec nous, il est primordial qu'elles comprennent l'être humain et ses émotions : il s'agit de combler nos manques, de répondre à nos demandes, de nous empêcher de faire des erreurs sous l'emprise de nos sentiments. Enfin, pour que les interactions soient efficaces, il pourrait être avantageux qu'elles expriment des émotions à valeur communicative.

Invariablement, des questions émotionnelles d'ordre quasiment métaphysique apparaissent justifiant d'autant les travaux fondamentaux et appliqués en ce domaine de la psychologie : comment définir une émotion ? Comment modéliser les émotions ? Quelles fonctions sont adaptatives et dans quel environnement ? Le ressenti est-il nécessaire à la reconnaissance et à l'expression ?

Les recherches avancent cependant, et il existe déjà des systèmes assez performants dont les descriptifs foisonnent sur Internet, sur le site de l'*Affecting Computing* du *MIT* par exemple. Des instruments sont à l'étude pour la reconnaissance des émotions de l'être humain : des bracelets mesurant la fréquence cardiaque, une souris avec des détecteurs de réponse électrodermale et de vitesse de balayage de l'écran. L'idée est de détecter en premier lieu des formes de stress ou d'énervement auxquelles la machine peut s'adapter en nous apportant la prudence que nos émotions nous feraient peut-être oublier d'avoir.

En robotique, Cañamero, au début de ce siècle, dans différentes conférences, propose d'expliquer les fondements d'une relation hommes-robots tenant compte des émotions que les premiers ressentent et que les seconds expriment. Avec Gaussier, ils tentent de décrire comment la modélisation des émotions pourrait servir de critères de choix pour les comportements les plus adaptés dans des situations assez simples.

Pour comprendre l'intérêt de la question, nous pouvons prendre un exemple dans l'air du temps en imaginant qu'une mission de robots est envoyée en exploration sur la planète Mars.

Ces robots ont des missions : explorer, tester, découvrir, cartographier. Ils connaissent aussi des contraintes comme recharger régulièrement leurs batteries solaires, *survivre*, participer à la *survie* du groupe. Tout un système de capteurs permet une appréhension de l'environnement extérieur, mais aussi des fluctuations internes qui se rapprochent d'une homéostasie. Il est simple d'imaginer un système de renforcement ou d'inhibition de comportements en fonction de la régulation des variables homéostasiques et de l'accomplissement des missions. Il est aussi possible de programmer certaines réponses, comme l'évitement de toute zone augmentant ou réduisant de manière trop importante la température interne du robot ou encore l'approche détournée de tout stimulus ayant un mouvement et qui n'est pas un autre robot. Ainsi, on se retrouve en quelques lignes dans un système émotionnel ou la *satisfaction* et la *peur* ont une place importante, ou un comportement dont le choix se base au départ sur le hasard peut être renforcé parce qu'il est porteur de satisfaction ou de réduction de la peur. Les expériences de chaque robot peuvent être transmises aux autres, avec leur valeur émotionnelle afin d'augmenter les probabilités de comportements adaptés ; ainsi la fonction communicative de l'émotion existe aussi.

Il s'agit ici d'une vision simpliste et assez anthropomorphisme des émotions appliquées à la robotique. Il ne s'agit pas de ressenti émotionnel, ni même de création d'une intelligence mimant l'intelligence humaine, mais cette conceptualisation permet une formalisation des émotions utile dans chacun des domaines d'études.

Des robots-jouets mimant les émotions existent déjà. On trouvera par exemple AIBO (*Artificial Intelligence roBOt*) développé par Sony, un petit chien bientôt plus vrai que nature possédant un système d'intelligence artificielle permettant une véritable prise de décision dans les comportements afin qu'ils soient réellement adaptés à l'environnement. Pour à peine 2 000 euros sans les extensions, il s'agit d'*élever* et d'*éduquer* ce chien-robot, de l'observer *grandir* et acquérir sa propre *personnalité*. Pour remplir ses fonctions, AIBO possède un arbre de maturation prédéfinie qui le fera passer par des stades successifs mais aussi un système de renforcement des comportements en fonction de leurs conséquences. Pour gérer ce système de renforcement et le choix des comportements à émettre, il est dit que sont prises en compte dans la programmation des informations sensorielles comme la vue, l'ouïe mais aussi la proprioception, et des informations de type émotionnel. Pour ces dernières des instincts seraient programmés comme le besoin de repos, mais aussi d'activité, le besoin d'affection, le sens de la curiosité. Les comportements menant à la satisfaction de ces instincts sont renforcés en prenant des valeurs émotionnelles. Des émotions seraient aussi programmées, comme la peur, la surprise, la colère ou la tristesse et donneraient aux résultats des comportements, des poids émotionnels fonctions de la réalisation d'instincts. Ainsi, en jetant une balle à AIBO, il réagit, paraît-il, selon différents systèmes permettant des réponses simultanées et indépendantes. D'abord, un système réflexe lui fera tourner la tête et suivre la balle des capteurs de la vision qui sans cesse testent l'environnement. Ensuite un système dit *cognitif* va calculer le comportement du robot en fonction des expériences antérieures, de la satisfaction des instincts, l'un et l'autre dépendant de poids émotionnel qui leur est accordé.

Il est évident qu'entre la simulation d'une émotion et une émotion véritable, il y a un gouffre, mais fort à parier que la simulation suffit à faire vendre un chien-robot. L'important sur ce point n'est pas que le jouet ait réellement des émotions mais bien qu'il en éveille chez l'homme.

II. PUBLICITÉ, COMMUNICATION, PERSUASION

« Ce dictateur possède des armes de destructions massives et il est méchant depuis qu'il est tout petit. » Parce qu'il fait peur, ce message, un peu mieux présenté, semble suffire à justifier une guerre, au moins pour une partie de la population mondiale. Il s'adresse à la bonne émotion et résisterait à une contre-propagande dénonçant d'autres causes aux volontés belliqueuses du président, insistant sur des sentiments nés de tromperies, de mensonges. La peur est plus forte et elle a forcé l'intégration de l'information d'une telle façon qu'elle en demeurera toujours colorée.

Le tout est de s'adresser à la bonne émotion et le message passera comme on veut le faire passer. C'est là une question qui intéresse bien des champs d'application, en particulier la publicité ; une question pour laquelle l'émotion a une place centrale, mais qui n'est pas toujours clairement définie.

Il a été souvent montré que l'émotion négative entraîne des traitements plus approfondis des informations présentées.

Toutefois, tous les produits ne peuvent se vendre par une association avec une émotion négative, aussi réserve-t-on plutôt cette approche aux campagnes de prévention contre des conduites dangereuses ou des pays dangereux. Par exemple, l'État et certains laboratoires pharmaceutiques ont normalement tout à gagner à voir les Français arrêter de fumer. Le premier qui ne vante pas l'efficacité d'un produit préfère les campagnes publicitaires à émotions fortement négatives : peur de mourir, de souffrir, ou haine contre les fabricants de cigarettes. Les laboratoires pharmaceutiques par contre ne peuvent se permettre de telles associations de crainte de voir leur produit dénigré et non acheté. Alors, si le message est plus émotionnel que technique, ils préfèrent insister sur la volonté, la joie de se surpasser, d'être plus fort que l'adversité... Étant donné le nombre de fumeurs qui subsiste en France, il est possible de manière générale de se poser des questions sur l'efficacité des campagnes quelles qu'elles soient.

En ce qui concerne l'impact sur l'arrêt de comportements dangereux, dès 1962, Janis et Terwilliger avaient su montrer avec beaucoup d'espoir que la consommation de tabac pouvait être réduite par des annonces provoquant des émotions négatives. Ils avaient même montré que les annonces les plus effrayantes étaient les plus susceptibles d'entraîner des changements de comportements avec, malheureusement un optimum voulant qu'un message trop effrayant n'ait plus l'effet escompté. Il a même parfois été retrouvé un effet inverse.

L'émotion attire bien entendu l'attention sur le problème, incite à la réflexion, mais il ne faut pas qu'elle devienne elle-même le problème. Si le message antitabac est trop difficile à supporter, les stratégies d'un individu peuvent tenir de l'évitement. Plutôt que de gérer le problème, il gère son émotion, il refuse le message et il dit fièrement : « Il faut bien mourir de quelque chose, et là au moins, c'est moi qui choisis. » Idée d'autant plus stupide que ce même individu peut mourir d'un accident de la route, alors que contrairement aux campagnes antitabac, les campagnes de prévention routière agissent sur lui et qu'il conduit prudemment. Mais un individu énervé parce qu'il aura arrêté de fumer après avoir assimilé le message d'horreur d'un poumon encrassé, ne fera pas attention à un feu rouge et tuera quelqu'un. Pourtant les spots publicitaires de prévention routière avaient eu de l'effet sur ses propres comportements, il roulait aux vitesses conseillées, avec sa ceinture bien attachée et sans avoir bu plus de deux verres d'alcool avant. Mais l'émotion qui l'avait touché durant ces campagnes n'était peut-être pas la peur mais la culpabilité.

Il est aussi fait usage dans les modes de persuasion d'émotions comme la honte, la culpabilité ou la fierté. Ces émotions ont comme caractéristique distinctive d'autres émotions comme la peur, la tristesse ou le dégoût, qu'elles nécessitent la présence d'autrui pour être ressentie. Elles sont en fait la traduction de conséquences sociales subjectives de nos comportements. Pour me faire arrêter de fumer, on insiste sur les dégâts du tabagisme passif (culpabilité) ; on responsabilise le conducteur d'un groupe, on le nomme capitaine pour qu'il ne boive pas (fierté) ; on me parle de ces parents qui aiment leurs enfants mais qui ne les attachent pas à l'arrière des voitures et les tuent par la même occasion (culpabilité et perspective honteuse d'être comparé à ceux-là). Contrairement à la peur, ces émotions peuvent aussi être utilisées pour nous faire acheter des consommables, et depuis quelque temps les médicaliments pullulent : ces yaourts, boissons et autres céréales qui consolident les os, facilitent le transit intestinal ou renforcent les défenses naturelles des enfants. Dans les spots publicitaires, sans aucune légitimité scientifique, les mères expliquent comment elles se sentent fières de protéger leurs enfants avec ces denrées. Elles rendent honteuses celles qui ne le font pas, et coupables celles qui n'y avaient pas pensé et qui ont un enfant qui a eu un petit rhume en hiver. Et puis si vous ne rencontrez pas l'amour de votre vie à chaque coin de rue, c'est que vous ne faites aucun effort, parce qu'avec la bonne eau, les bonnes céréales et les bonnes pilules, chacun de nous doit avoir un corps de rêve attirant le regard et les sentiments.

Outre les émotions qu'ils induisent, ces derniers spots publicitaires gagnent en efficacité en proposant directement un comportement adapté et envisageable visant à réduire les émotions négatives et augmenter les positives. Dès les années 1950, les théories de la motivation à la protection, proposaient déjà que le message émotionnel, d'autant plus qu'il est négatif, doit être associé à des propositions de comportements-solutions et tenir compte de trois principes pour convaincre. Le premier principe concerne la menace qui doit être réelle, susceptible de se produire, et assez forte pour être crainte. Le second principe relève des conduites proposées qui doivent clairement permettre de diminuer la probabilité d'apparition de la situation générant l'émotion. Le dernier touche aux sentiments de l'individu visionnant le spot : il doit croire que les solutions sont efficaces et qu'il peut assez facilement les adopter. Selon ces principes, il apparaît donc nettement que nous serons plus enclins à donner des petits yaourts à nos enfants pour éviter qu'ils ne se cassent les os plutôt que de prendre, seuls, l'initiative de nous renseigner sur les programmes antitabac après avoir vu quelqu'un mourir d'un cancer du poumon.

III. NEUROPSYCHOLOGIE DES ÉMOTIONS

1. Localisation

La controverse James-Cannon en plaçant l'étude des émotions dans une sphère biologique a initié de nombreuses problématiques et d'autant plus de travaux. Ces vingt dernières années, les techniques d'imageries cérébrales et de modélisations évoluant, les études en ce sens ont connu un renouveau.

Jusque dans les années 1980, sans doute sous l'influence conjuguée de Cannon et des découvertes en ce qui concerne les localisations cérébrales, la volonté était de prouver l'existence d'un centre de l'émotion. Quelques travaux et observations neuro-anatomiques proposèrent de situer ce centre dans l'hémisphère droit, qui prit vite l'attribut *émotionnel*. Toutefois, même si cette conception apparaît encore parfois dans certains discours, on lui en oppose au moins une autre décrivant des influences des deux hémisphères, fonctions des émotions, de leur valence, des comportements associés. Il a été montré, par exemple, à l'aide de techniques de présentations de stimuli dans un hémichamp, des spécificités de traitement de la joie dans l'hémisphère gauche et de la tristesse dans le droit.

Pour ce qui est d'une localisation amygdalienne du centre des émotions, les résultats les plus récents la mettent en cause, même si la fonction de l'amygdale dans l'émotion ne peut être ignorée. Young et ses collaborateurs (1996) ont suivi une patiente ayant subi une amygdalectomie bilatérale. Ils ont pu observer différents déficits de reconnaissance et de mémorisation et en particulier, ils ont noté un déficit d'identification de visages montrant des émotions et des difficultés dans ses propres représentations d'expressions faciales émotionnelles. Pour l'identification de visage sans émotion, le trouble n'était pas important, de même qu'elle parvenait à décrire des situations émotionnellement chargées.

Ces derniers résultats, comme bien d'autres, sont aussi en faveur d'une répartition des traitements émotionnels arachnéenne au niveau cérébrale. La position prédominante actuellement est d'ailleurs celle de réseaux neuronaux impliquant diverses zones corticales dans le traitement des émotions. Récemment, Green et ses collaborateurs, utilisant eux aussi une épreuve de reconnaissance de visages exprimant des émotions à différents degrés, ont pu argumenter cette position. Les sujets cérébrolésés de leur étude n'avaient pas plus de difficultés que les sujets sains pour des visages à expressions neutres, par contre, pour des visages présentant des émotions, le déficit était clair. Toutefois, comparant des sujets cérébrolésés au niveau postérieur de l'hémisphère droit et des sujets cérébrolésés à d'autres niveaux, ils ont pu conclure que le traitement des stimuli émotionnels ne tient pas qu'à cette partie du cerveau. Pour eux, les déficits sont plus à mettre en liaison avec des déconnexions entre les aires cérébrales. Mais, l'on peut croire qu'il n'est que logique que les émotions décrites de manière si complexe, comme incluant tant de systèmes cognitifs, comportementaux et biologiques dans leurs expressions, ne soient circonscrites dans leur traitement qu'à une seule zone cérébrale.

2. Activation

Les recherches concernant les émotions en neuro-anatomie, outre sur la connaissance générale du phénomène qu'elles apportent, sont intéressantes parce qu'elles peuvent répondre à certaines questions laissées en suspens jusqu'alors. Il est possible, par exemple, à ce niveau d'explication, de se reposer la question de la spécificité de stimuli déclenchant l'*arousal* et par la suite les différentes étapes de l'évaluation et de la réaction émotionnelle. Ces études sont aussi des ponts possibles entre les troubles émotionnels et leur implication physiologiques.

Bien des auteurs, depuis bien longtemps, ont expliqué la fonction perverse de l'anxiété qui veut que des sujets phobiques traitent préférentiellement les stimuli ayant trait à l'objet de leur phobie. Il a pu aussi être observé que la détection précoce des stimuli menaçants s'accompagne de réactions physiologiques comme l'augmentation du rythme cardiaque, de la conductance de la peau, de la pression sanguine, avant même leur identification précise. Par différentes procédures de conditionnement, Öhman (2000) a pu montrer aussi que des conditionnements par petits chocs électriques visant à produire certaines réactions d'évitement face à des stimuli neutres sont plus efficaces lors d'associations même *non conscientes* à des stimuli menaçants comme des serpents ou des araignées.

Gil en 2003 reprend différents travaux, dont ceux de LeDoux, et explique que des stimuli peuvent être ainsi impliqués dans une détection précoce de la menace par la mise en jeu de certains circuits neuronaux. L'amygdale y tient une place importante mais aussi par leurs connexions, l'hypothalamus, le thalamus et d'autres centres du cerveau. Il situe aussi dans ces centres les commandes de certaines réactions adaptées aux émotions.

Ces travaux mènent à la distinction de plusieurs *voies neuronales* de traitement, dont certaines plus rapides en relation avec l'activation d'émotion qui permettent l'activation de comportements automatiques et de réactions physiologiques adaptés avant même la prise de conscience de la menace contenue dans le stimulus et donc son traitement émotionnel plus profond. L'hypothèse est aussi faite que chez les sujets phobiques ces voies neuronales rapides seraient plus souvent utilisées.

IV. L'INTELLIGENCE ÉMOTIONNELLE

1. Principes

Si le conatif et le cognitif sont deux systèmes pouvant gérer nos comportements, alors il est possible de décrire un individu en fonction du système qui prédomine dans ses comportements. Certains seront plus émotionnels, d'autres plus intellectuels. Certains se laisseront plus facilement débordés par leurs émotions, d'autres préféreront la réflexion. C'est sur cette idée, très proche de l'émotion perturbante des processus cognitifs, que s'est construite celle de l'intelligence émotionnelle.

S'éloignant de cette conception archaïque de l'émotion, il en reste néanmoins la description de deux pôles guidant les actions, mais avec la certitude que l'intellectualisation n'est pas la meilleure façon de réagir ni la preuve de la meilleure adaptation. Notre environnement est social, émotionnel et celui qui s'y adapte le mieux est celui qui sait à la fois utiliser son intellect et réagir de manière adéquate socialement, donc émotionnellement. Pour cela, il faut toutefois posséder une certaine capacité de gestion et de contrôle sur ses propres émotions. Mais gérer et contrôler ses émotions, cela implique de connaître son fonctionnement émotionnel comme celui des autres, de maîtriser ses pulsions, de comprendre les tenants et les aboutissants des situations rencontrées, d'en prédire leurs issues pour l'ensemble des acteurs.

L'émotion prend ici place dans la composition même du concept de l'intelligence. Cette dernière n'est plus que le résultat d'une mesure au test de Binet-Simon qui pour beaucoup n'était qu'une forme de conformisme social, mais un système comprenant différents modes de réactions correspondant à différents types de problèmes *humains*. Il est ainsi question de différentes formes d'intelligence, spatiale, verbale, logico-mathématique, musicale, interpersonnelle… et émotionnelle.

L'intelligence émotionnelle, dont le concept fut initié par Salovey et Mayer en 1990, intéresse actuellement bon nombre de chercheurs et de professionnels du terrain, parce qu'elle est une explication simple dans bien des situations. Elle interviendrait nécessairement dans des domaines très variés de la vie courante.

Certains la voient comme une explication de l'échec scolaire chez des enfants ayant pourtant une autre intelligence tout à fait convenable, voire supérieure. N'étant pas intelligents émotionnellement, étant trop émotifs ou pas assez, ne réagissant pas convenablement aux interactions émotionnelles avec leurs pairs, ces enfants se couperaient de la société et en subiraient les conséquences dans leurs performances concernant d'autres domaines. Le manque d'intelligence émotionnelle pourrait aussi pour ceux-là être traduit par un manque de curiosité, de confiance, de coopération, de maîtrise de soi qui sont nécessaires à une bonne évolution dans le domaine scolaire.

L'intelligence émotionnelle serait aussi importante dans le domaine de la santé. Il est évident qu'ainsi décrite elle est en relation avec les principaux troubles de l'humeur de la psychiatrie. Elle est aussi un maillon important dans la survie de systèmes comme les couples en forment. Enfin, elle entre dans les pronostics d'affections médicales biologiques par son rôle dans la vulnérabilité, dans les processus de guérison qui comme la légende le veut, ne peut se faire qu'avec un minimum de volonté pour s'en sortir.

L'intelligence émotionnelle est aussi souvent reprise dans le domaine de la psychologie du travail. Elle y est une cause de la capacité de travailler en équipe ou des capacités d'écoute et de management… donc utile aux *meneurs d'hommes.*

Sans réel fondement scientifique, différentes mesures ont été proposées et diffusées, via internet, du quotient émotionnel ou QE. Aux États-Unis, chez les *self made men*, le QE a vite été opposé au QI comme vecteur d'une égalité possible entre les classes sociales.

2. Fluidité

Au développement du concept d'intelligence émotionnelle a été greffé celui de *fluidité* ou *flow-theory*. En premier lieu, il s'agit d'un état interne que les individus ayant de bonnes capacités émotionnelles peuvent ressentir quand elles dépassent leurs limites dans l'accomplissement d'une tâche. À en croire les diverses descriptions qu'en fait Csikszentmihalyi depuis ces dernières années, c'est l'une des explications du bien-être et du bonheur. Cet état a d'abord été décrit chez les artistes et chez les chercheurs qui trouvent une grande satisfaction, une expérience subjective intense de réalisation qui mène à l'accomplissement total de la tâche, à l'épanouissement plutôt qu'à la fatigue due à l'effort. Ce serait une explication, assez mystique peut être, des processus de création et de découverte.

Tout un chacun pourrait toutefois connaître cet état émotionnel particulier qui correspondrait à un fonctionnement maximal du cerveau. Si Barlow dans le domaine de la pathologie nous parle d'émotions archaïques que personne ne veut vivre plus d'une fois, à l'opposé lorsque l'état de fluidité est atteint, il provoque comme une dépendance. Ce ne serait pas une drogue, mais un facteur de motivation intrinsèque qui pousse à l'effort lorsque cela en vaut la peine.

Csikszentmihalyi aurait montré un lien entre la réussite scolaire/universitaire et la capacité à atteindre la fluidité. Un enseignant sachant motiver ses troupes serait d'ailleurs de ceux qui savent aider les étudiants à découvrir en eux la fluidité. Des stratégies de développement personnel mèneraient par le biais d'une métaconnaissance de sa propre intelligence émotionnelle à la découverte de la fluidité.

Des établissements d'enseignement américains, sous le couvert de recherches scientifiques, proposent depuis quelque temps des programmes devant permettre l'atteinte de la fluidité. Mais les tâches à réaliser ne peuvent pas toutes mener à cet état, il faut pour cela qu'elles soient choisies par l'individu en fonction de ses compétences, qu'elles permettent une avancée par étapes, des réalisations qui successivement augmentent de difficulté, que les résultats ne demandent pas une longue attente pour se faire connaître afin que le renforcement soit le plus immédiat possible…

Ce qui séduit les chercheurs s'intéressant à cette question, c'est qu'en retenant ce principe de fluidité et l'état émotionnel qu'il induit, il est possible de définir les deux extrêmes d'un continuum émotionnel : pathologie-fluidité. Reste à savoir comment les individus évoluent sur ce continuum, et comment faire pour que *la fluidité soit avec nous* !

V. CONCLUSIONS

Les recherches qui concernent les émotions en psychologie, comme dans d'autres sciences, sont de plus en plus nombreuses. De plus en plus d'ouvrages leur sont consacrés dans le monde entier.

On comprend le rôle que vont jouer les émotions dans l'avenir et le développement de nombreux domaines de la psychologie. Les relations sociales ne sont désormais plus envisageables, ou très difficilement, en dehors de leurs influences. Il en va de même pour des grands champs d'étude de la psychologie, comme la mémoire ou l'attention. On reconnaît leur pouvoir motivationnel dans le domaine du travail, de l'éducation où sont déjà conçus des programmes qui les intègrent comme des instruments mais aussi comme des finalités. Par leur retentissement sur les fonctionnements physiologiques elles intéressent tout autant les soins de maladies non classées en psychiatrie. On cherche leurs applications dans le traitement des troubles de l'humeur bien sûr, mais aussi d'autres troubles comme l'autisme pour lequel l'éveil aux autres pourrait dépendre d'interaction avec un petit robot *comprenant* les émotions.

Par extension des champs d'application et des techniques d'investigation, les recherches sur les émotions se sont multipliées et diversifiées. Il est d'ailleurs possible d'observer que les problématiques émotionnelles se sont modifiées avec le temps. Les premiers questionnements concernaient essentiellement le rôle des récepteurs neurologiques, l'universalité des émotions, le nombre d'émotions existantes ou l'origine et les fonctions de ces phénomènes. Ils ont motivé les études en faisant émerger des controverses, comme cela peut être remarqué dans beaucoup de nouveaux champs de recherche. Il est plus question aujourd'hui des influences des émotions sur les processus cognitifs, ou mêmes des processus émotionnels spécifiques, ce qui entraîne certes moins de polémiques mais motive tout autant les travaux. Mais ce déplacement de problématique s'est fait de paire avec un changement de regard sur les émotions. Elles ne sont plus une manifestation envahissante d'une tare évolutionnelle, d'un conflit inconscient ou d'une autre chose magique venant rompre le *bon* fonctionnement psychologique de l'homme ; elles font tout simplement partie de ce bon fonctionnement. De plus en plus rares sont les auteurs définissant ce qui est du conatif et ce qui est du cognitif donnant une place spéciale et quelque peu *bâtarde* aux émotions.

Mais cette transition, qui fait que l'on tentera d'expliquer pourquoi un jeune homme a frappé un serpent n'est pas toujours évidente. Laird, auteur relativement célèbre en ce domaine, discutant en 1991 des effets de l'humeur sur la mémoire, s'est vu intituler le chapitre d'un livre : « Mood affects memory because feelings are cognitions ». Il y insiste sur le fait que toute théorie de la mémoire doit prendre en compte l'influence des émotions sur les structures mnésiques, mais plus encore sur une évidence : les émotions sont, à part entière, des cognitions.

Néanmoins, les *grandes questions émotionnelles* du siècle dernier n'ont pas encore toutes trouvé de réponses claires. Bien souvent d'ailleurs, les travaux sur les émotions ont pour eux de faire naître plus de nouveaux questionnements et de critiques que de connaissances définitives. S'il en est ainsi, c'est sûrement parce que de nombreux problèmes méthodologiques liés à l'étude des émotions subsistent. La définition même des émotions en est un des principaux et en entraîne d'autres.

À partir de quel moment, par exemple, étudie-t-on véritablement une émotion ? Présenter des mots à valeur émotionnelle à un sujet ne ressentant rien, n'est pas vraiment étudier l'émotion ; c'est étudier l'influence de la valence des mots.

Si l'émotion est véritablement un phénomène bref, est-il simple de l'étudier ? Doit-on essayer de le considérer sur le long terme ? D'aucuns diront qu'effectivement, l'émotion est brève et que si l'état perdure il s'agit alors d'une humeur. Mais en ce cas, les études sur l'anxiété pathologique, ou même sur l'anxiété-trait que beaucoup possèdent sans en souffrir, sont-elles des études sur les émotions ? Qu'est-ce que peuvent avoir en commun l'anxiété émotion et l'anxiété trait de personnalité ?

Il serait nécessaire d'induire des émotions chez des sujets *tous venants* pour pouvoir mener des études strictes en ce domaine. Les techniques pour cela ne manquent pas. Souvent les auteurs ont utilisé les films comiques, tristes, horribles, stressants ou ennuyeux en espérant qu'ils mettraient les sujets dans des états émotionnels spécifiques et comparables. La musique posséderait aussi quelques capacités d'induction. Il est encore possible de mettre un sujet dans une situation émotionnelle écologique : en situation d'échec ou de réussite ses sentiments ne seront pas les mêmes, si le feu prend dans le laboratoire, il aura vraisemblablement peur. Les drogues peuvent avoir le même effet. Plus déontologiquement, il est possible de demander au sujet de se mettre lui-même dans un certain état émotionnel par mime des expressions faciales, en se souvenant d'événements de sa vie ou de la vie d'un autre qu'on lui raconte brièvement. La relaxation et l'hypnose ont été également utilisées. Mais qu'elle est la valeur des émotions induites par ces différentes techniques : suis-je réellement triste en écoutant le *Requiem* de Mozart ou en regardant *Le Vieux Fusil*, comme quand mon chien est mort ? Que penser de la relaxation comme technique d'induction puisque par essence elle propose un état opposé à la peur ou la colère ? Et quand bien même ces techniques seules ou combinées sont efficaces, comment savoir exactement l'émotion qu'elles induisent alors que les émotions peuvent se combiner, que leurs noms dépendent pour une part de la culture, que les auteurs ne sont souvent pas d'accord entre eux sur leur qualité ?

Mesurer les émotions induites ou vécues serait normalement une condition nécessaire aux études, mais encore une fois, cela pose de nombreux problèmes. Il n'est pas question de faire passer un test sur le moment à quelqu'un qui est en colère car soit sa colère retombera, soit il déchirera le cahier de passation, et un jugement *a posteriori* n'est pas garant d'une bonne mesure. Recueillir de multiples indices physiologiques est une solution possible, mais assez difficile, et les résultats ne permettent généralement pas de catégoriser l'émotion ressentie, ils sont à peine les preuves d'un arousal. Il reste l'observation des comportements et l'analyse des situations, mais c'est une technique lourde est pleine de subjectivité puisqu'il ne peut s'agir que d'interprétation.

Mais quels que soient les problèmes que leur étude soulève, les émotions passionnent bien des chercheurs, sans doute parce qu'ils sont persuadés qu'elles sont une clé dans la compréhension de la psychologie de l'être humain comme Auguste Comte le présentait déjà dans sa quarante cinquième leçon de *Philosophie positive* :

> La psychologie, ou idéologie, considérée maintenant non plus quant à la méthode… mais directement quant à sa seule doctrine, nous présente d'abord une aberration fondamentale, essentiellement commune à toutes les sectes, par une fausse appréciation des rapports généraux entre les facultés affectives et les facultés intellectuelles. Quoique la prépondérance de ces dernières ait été conçue, sans doute, d'après des théories fort divergentes, tous les différents métaphysiciens se sont néanmoins accordés à la proclamer comme leur point de départ principal. L'esprit est devenu le sujet à peu près exclusif de leurs spéculations, et les diverses facultés affectives y ont été presque entièrement négligées, et toujours subordonnées d'ailleurs à l'intelligence.

Bibliographie

ANDERSON J. R. (1983). *The Architecture of Cognition*, Cambridge, Harvard University Press.

BARLOW G. H. (1988). *Anxiety and its Disorders : The Nature and Treatment of Anxiety and Panic*, New York, The Guilford Press.

BARTLETT F. C. (1932). *Remembering*, Cambridge, Cambridge University Press.

BECK A. T. (1976). *Cognitive Therapy and Emotional Disorders*, New York, International Universities Press.

BECK A. T., FREEMAN A. (1990). *Cognitive Therapy of Personality Disorders*, New York, The Guilford Press.

BERK L. S., FELTEN D. L., TAN S. A., BITTMAN B. B., WESTENGARD J. (2001). « Modulation of Neuroimmune Parameters during the Eustress of Humor-Associated Mirthful Laughter », *Altern. Ther. Health Med.*, 7 (2), 62-72, 74-76.

BLOOM L., BECKWITH R. (1989). « Talking with Feeling : Integrating Affective and Linguistic Expression in Early Language Development », *Cognition and Emotion*, 3 (4), 313-342.

BOWER G.H. (1981). « Mood and Memory », *American Psychologist*, 36, 129-148.

BOWER G.H., MONTEIRO K. P., GILLIGAN S. G. (1978). « Emotional Mood as a Context for Learning and Recall », *Journal of Verbal Learning and Verbal Behavior*, 17, 573-585.

BRIDGES K. M. B. (1930). « A Genetic Theory of the Emotions », *The Journal of Genetic Psychology*, 37 (4), 514-527.

BRACONNIER A. (1998). *Le Sexe des émotions*, Paris, Odile Jacob.

BRADLEY M. M., LANG P. J., CUTHBERT B. N. (1993). « Emotion, Novelty, and the Startle Reflex : Habituation in Humans », *Behavior Neuroscience*, 107 (6), 970-80.

BROWN R., KULIK J. (1977). « Flashbulb Memories », *Cognition*, 5, 73-99.

BUTLER G., MATHEWS A. (1983). « Cognitive Processes in Anxiety », *Advance in Behaviour Research and Therapy*, 5, 51-62.

CANNON W. B. (1927) « The James-Lange Theory of Emotions : A Critical Examination and an Alternative Theory », *American Journal of Psychology*, 34, 106-124.

CANNON W. B. (1932). *The Wisdom of the Body*, New York, Norton.

CANTOR J.R., ZILLMANN D., BRYANT J. (1975). « Enhancement of Experienced Sexual Arousal in Response to Erotic Stimuli through Misattribution of Unrelated Residual Excitation », *Journal of Personality and Social Psychology*, 92, 231-244.

CHRISTIANSON S. Å., LOFTUS E. F. (1991). « Remembering Emotional Events : The Fate of Details Information », *Cognition and Emotion*, 5 (2), 81-108.

CSIKSZENTMIHALYI M. (1997). *Finding Flow. The Psychology of Engagement with Everyday Life*, New York, Basic Books.

DARWIN C. (1874). *L'Expression des émotions chez l'homme et chez les animaux*, Paris, Costes.

DUBOIS N. (1987). *La Psychologie du contrôle : les croyances internes et externes*, Grenoble, PUG.

DUTTON D. G., ARON A. P. (1974). « Some Evidence for Heightened Sexual Attraction under Conditions of High Anxiety », *Journal of Personality and Social Psychology*, 30 (4), 510-517.

EHLERS A., BREUER P. (1992). « Increased Cardiac Awareness in Panic Disorder », *Journal of Abnormal Psychology*, 101 (3), 371-382.

EKMAN P. (1984). « Expression and the Nature of Emotion », in K.R. Scherer et P. Ekman (éd.), *Approaches to Emotion*, Hillsdale, Lawrence Erlbaum Associates, 319-343.

ENCYCLOPÉDIE DE LA PSYCHOLOGIE (L') (1962). Vol. 2, Paris, Fernand Nathan.

GAUSSIER P., CAÑAMERO D. (2001). *Émotion et neuro-cybernétique*, Compiègne, Séminaire interdisciplinaire de sciences et technologies cognitives, 23 janv. 2001.

GRANT K. E., COMPAS B. E. (1995). « Stress and Anxious-Depressed Symptoms among Adolescents : Searching for Mechanisms of Risk », *Journal of Consulting and Clinical Psychology*, 63 (6), 1015-1021.

HARRIS P. L., JOHNSON C. N., HUTTON D., ANDREWS G., COOKE T. (1989). « Young Children's Theory of Mind and Emotion », *Cognition and Emotion*, 3 (4), 379-400.

GREEN R. E. A., TURNER G. R., THOMPSON W. F. (2004). « Deficits in Facial Emotion Perception in Adults with Recent Traumatic Brain Injury », *Neuropsychologica*, 42, 133-141.

HAUTEKÈETE M., VANTOMME B. (1986). « Traitement de la dépression par une intervention basée sur l'association verbale », *Psychologie médicale*, 18 (5), 733-739.

HAUTEKÈETE-SENCE D., RUSINEK S., HAUTEKÈETE N.-C., HAUTEKÈETE M. (2000). *Gestion psycho-éducative des peurs des animaux chez des enfants de CM1*, 28e journées scientifiques de l'Association française de thérapie comportementale et cognitive, déc. 2000, Paris.

IZARD C. E. (1977). *Human Emotions*, New York, Plenum Press.

IZARD C. E. (1978). « On the Ontogenesis of Emotions and Emotion-Cognition Relationships in Infancy », in M. Lewis et L. Rosenblum (éd.), *The Development of Affect*, New York, Plenum, 389-413.

IZARD C. E. (1993). « Organizational and Motivational Functions of Discrete Emotions », in M. Lewis et J. M. Haviland (éd.), *Handbook of Emotions*, New York, The Guilford Press, 631-641.

JAMES W. (1890-1932). *Précis de psychologie*, Paris, Rivière, 9e éd.

JANET P. (1928). *De l'angoisse à l'extase*, Paris, Alcan.

JANIS I. L., TERWILLIGER R.F. (1962). « An Experimental Study of Psychological Resistance to Fear-Arousing Communications », *Journal of Abnormal and Social Psychology*, 65, 403-410.

JONES M. C. (1924). « A Laboratory Study of Fear : The Case of Peter », *Pediatrics Seminar*, 31, 308-315.

LAIRD J.D. (1991). « Mood Affects Memory because Feelings Are Cognitions », in D. Kuiken (éd.), *Mood and Memory*, Newbury Park, Sage Publications, 33-38.

LAZARUS R. S., FOLKMAN S. (1984). *Stress, Appraisal and Coping*, New York, Springer.

LAZARUS R. S., FOLKMAN S. (1987). « Transactional Theory and Research on Emotions and Coping », *European Journal of Personality*, 1, 141-169.

LEDOUX J. E. (1992). « Emotion and Memory : Anatomical Systems Underlying Indelible Neutral Traces », in S.Å. Christianson (éd.), *The Handbook of Emotion and Memory : Research and Theory*, Hillsdale, Lawrence Erlbaum Associates, 269-288.

LEVI L. (1972). « Sympathoadrenomedullary Responses to "Pleasant" and "Unpleasant" Psychosocial Stimuli. In Stress and Distress in Response to Psychosocial Stimuli : Laboratory and Real Life Studies in Sympathoadrenomedullary and Related Reactions », *Acta Medica Scandinavica*, Supplementum 528.

LEVINE L. J. (1995). « Young Children's Understanding of the Causes of Anger and Sadness », *Child Development*, 66, 697-709.

LEWIS M., MICHALSON L. (1983). *Children's Emotions and Moods*, New York, Plenum.

LEWIS M. D. (1993). « Emotion-Cognition Interactions in Early Infant Development », *Cognition and Emotion*, 7 (2), 145-170.

MANDLER G. (1975). *Mind and Emotion*, New York, Wiley and Sons.

MOWRER O. H. (1960). *Learning Theory and Behavior*, New York, Wiley.

NESSE R. M., KLAAS R. (1994). « Risk Perception by Patients with Anxiety Disorders », *The Journal of Nervous and Mental Disease*, 182 (8), 465-470.

PLANCHEREL B., BOLOGNINI D. (1995). « Coping and Mental Health in Early Adolescence », *Journal of Adolescence*, 18, 459-474.

PLUTCHIK R. (1977). « Cognitions in the Service of Emotions : An Evolutionary Perspective », in D. K. Candland, J. P. Fell, E. Keen, A. I. Leshner, R. Plutchik et R. M. Tarpy (éd.), *Emotions*, Monterey, Brooks/Cole.

ROTTER J. B. (1966). « Generalized Expectancies for Internal Versus External Control of Reinforcement », *Psychological Monographs : General and Applied*, 80 (1).

RUBIN D. C. et KOZIN M. (1984). « Vivid Memories », *Cognition*, 16, 81-95.

RUSINEK S., HAUTEKÈETE M., DANES H., DEREGNAUCOURT I., LEMEN V. (2002). « Biais d'interprétations d'événements scolaires chez des enfants anxieux », *Journal de thérapie comportementale et cognitive*, 12 (2), 59-65.

RUSINEK S., SERVANT D., GRAZIANI P., HAUTEKÈETE M. (1999). « Existe-t-il un biais d'interprétation des événements d'enfance chez les patients adultes anxieux ? », *L'Encéphale*, 25, 358-363.

RUSTED J., DIGHTON K. (1991). « Selective Processing of Threat-Related Material by Spider Phobics in a Prose Recall Task », *Cognition and Emotion*, 5 (2), 123-132.

SALOVEY P., MAYER J. D. (1990). « Emotional Intelligence », *Imagination, Cognition and Personality*, 9, 185-211.

SCHACHTER S., SINGER J. E. (1962). « Cognitive, Social and Physiological Determinant of Emotional State », *Psychological Revue*, 69, 379-399.

SELIGMAN M. E. P. (1975) *Helplessness : On Depression Development and Death,* San Francisco, Freeman.

SELYE H. (1950). *The Physiology and Pathology of Exposure to Stress,* Montréal, Acta.

SROUFE L.A. (1979). « Sociœmotional Development », in J. D. Osofsky (éd.), *Handbook of Infant Development,* New York, Wiley, 462-516.

STEGGE H., MEERUM TERWOGT M., KOOPS W. (1994). « Positive and Negative Mood Effects in Children : The Mediating Influence of Task Characteristics », *The Journal of General Psychology*, 121 (4), 333-344.

STEIN N. L., LEVINE L. J. (1989). « The Causual Organisation of Emotional Knowledge : A Developmental Study », *Cognition and Emotion*, 3 (4), 343-378.

VALLINS S. (1966). « Cognitive Effects of False Heart-Rate Feedback », *Journal of Personality and Social Psychology*, 4, 400-408.

WATSON J., RAYNER R. (1920). « Conditioned Emotional Reactions », *Journal of Experimental Psychology*, 3, 1-14.

WEINER B., GRAHAM S. (1989). « Understanding the Motivational Role of Affect : Life-Span Research from an Attributional Perspective », *Cognition and Emotion*, 3 (4), 401-419.

WOLPE J. (1975). *Pratique de la thérapie comportementale*, Paris, Masson.

YOUNG A.W., HELLAWELL D.J., VAN DE WAL C., JOHNSON M. (1996). « Facial Expression Processing after Amygdalectomy », *Neuropsychologia*, 34 (1), 31-39.

YOUNG J. (1990 révisé 1994/1999). *Cognitive Therapy for Personality Disorders : A Schema-Focused Approach*, Sarasota, Professional Resource Exchange.

Index

80204 – (I) – OSB 80° – PCC – LRN
Dépôt légal : avril 2020 – Suite du tirage : août 2020

Achevé d'imprimer par Dupli-Print à Domont (95)
N° d'impression : 2020073097
www.dupli-print.fr

Imprimé en France